わかりやすい

『顧客の最善の利益』を踏まえた投資勧誘

株式会社フィナンシャル・ラボ
梶川真理子 著

立命館大学ビジネススクール教授
兼　株式会社フィナンシャル・ラボ
代表取締役社長
橋本正明 監修

ビジネス教育出版社

はじめに

　金融庁が、顧客本位の業務運営に関する7つの原則を公表したのは、2017年3月です。

　その後、各金融機関は創意工夫のもと顧客本位の業務運営の実践に努めてきていますが、依然真にお客様の最善の利益を追求した営業活動が確立できているとはいえない状況にあります。

　本書では改めて「顧客本位の業務運営に関する原則」の趣旨を考え、お客様の最善の利益を追求するために金融機関が取るべき行動等について考えています。

　これまで慣習的に行ってきたことが、実はお客様のためというより、金融機関の都合であったということもあります。そのため、本書を通じて、今まで当たり前と思っていた行動等が、今後も当たり前なのかどうかを確認していただきたいと思います。

　本書が、読者の皆様の顧客本位の業務運営の一助になれば幸いです。

　なお、本書は2023年11月末現在の法令・諸規則および今後改正が予定されている事項等を踏まえて作成しています。制度内容等は、今後変更される可能性がありますので、ご留意ください。

2023年12月

株式会社フィナンシャル・ラボ

梶川 真理子 著

立命館大学ビジネススクール教授
兼　株式会社フィナンシャル・ラボ
代表取締役社長

橋本 正明 監修

第1章　顧客本位の業務運営

Ⅰ．顧客本位の業務運営に関する原則／8

1．顧客本位の業務運営に関する7つの原則 ················· 8
2．顧客本位の業務運営に関する方針の策定・公表等 ········· 12
3．顧客の最善の利益の追求 ······························· 16
4．利益相反の適切な管理 ································· 18
5．手数料等の明確化 ··································· 21
6．重要な情報のわかりやすい提供 ······················· 24
7．顧客にふさわしいサービスの提供 ····················· 29
8．従業員に対する適切な動機づけの枠組み等 ··············· 35

Ⅱ．重要情報シートの活用／38

1．重要情報シートの意義と役割 ·························· 38
2．金融事業者編の活用 ································· 40
3．個別商品編の活用 ··································· 42
4．質問例の活用 ·· 46

Ⅲ．お客様の金融リテラシーの向上／48

1．金融広報中央委員会の金融リテラシー調査 ··············· 48
2．お客様の預り資産に対する「食わず嫌い」················ 52
3．資産所得倍増プラン ································· 53
4．お客様から投資家へ ································· 55
5．金融リテラシー向上のために金融機関ができること ········· 56
6．金融経済教育推進機構 ································ 57

第2章　顧客の最善の利益の追求と説明義務

Ⅰ．金融品取引法等の一部改正／62

1．金融商品取引法等の一部改正の背景と概要 ··············· 62
2．顧客本位の業務運営の確保 ···························· 63
3．金融サービスの提供及び利用環境の整備等に関する法律 ······ 68

Ⅱ．顧客の最善の利益と誠実公正義務／71

1．顧客本位と顧客満足 ……………………………………………………… 71

2．提案力とゴールベース・アプローチの考え方 ……………………… 74

3．社会保障制度などを踏まえた提案 …………………………………… 77

4．顧客本位の業務運営を実践しているとはいえない投資勧誘の事例 … 80

5．様々なルールが定められている理由を考える ……………………… 85

　　⑴ 高齢顧客に対するルール ……………………………………………… 85

　　⑵ 未成年者に対するルール ……………………………………………… 86

　　⑶ 乗換えに関するルール ………………………………………………… 86

6．お客様からありがとうと言われる営業 ……………………………… 87

Ⅲ．お客様の知識や経験を踏まえた説明義務／89

1．「お客様カード等」からの話題の展開 ……………………………… 89

2．潜在的ニーズの把握と雑談力 ………………………………………… 92

3．お客様の属性別の説明のポイント …………………………………… 95

　　⑴ 投資初心者への説明 …………………………………………………… 95

　　⑵ 高齢のお客様への説明 ………………………………………………… 95

　　⑶ 投資経験者への説明 …………………………………………………… 96

4．金融商品別の説明のポイント ………………………………………… 97

　　⑴ 毎月分配型投資信託の説明 …………………………………………… 97

　　⑵ 外貨建ての保険商品の説明 …………………………………………… 99

　　⑶ iDeCo の説明 ………………………………………………………… 102

　　⑷ 仕組債の説明 ………………………………………………………… 104

5．誤解しやすい説明例 …………………………………………………… 109

Ⅳ．顧客本位の投資勧誘と NISA 制度の活用／112

1．NISA の利用状況 ……………………………………………………… 112

2．2024 年からの NISA 制度の概要 …………………………………… 114

3．NISA 制度の留意事項の説明 ………………………………………… 117

4．資産形成のための活用 ………………………………………………… 122

5．他の商品との比較 ……………………………………………………… 123

Ⅴ．アフターフォロー／127

1．アフターフォローの必要性 …………………………………………… 127

2．長期的な視点に立ったアフターフォロー …………………………… 130

第1章

顧客本位の業務運営

Ⅰ 顧客本位の業務運営に関する原則

1 顧客本位の業務運営に関する7つの原則

　顧客本位の業務運営を実践することが強く求められるようになったのは、2016年12月22日に公表された市場ワーキング・グループの報告書からといえます。

　この報告書では、国民の安定的な資産形成を図るためには、金融事業者（販売会社だけでなく投信会社等も含む）は「顧客本位の業務運営」に努めることが重要との観点から審議が行われ、従来型のルールベースの対応を重ねるのではなく、プリンシプルベースのアプローチを用いることが有効であるとしています。

　つまり、単にルールを遵守すればよいというのではなく、プリンシプル（原理・原則）で考えれば、どのような行動をとるのが望ましいかをよく考える必要があるということです。

　この報告書を踏まえ、金融庁は2017年3月30日に「顧客本位の業務運営に関する原則」（7つの原則から構成）を公表し、金融事業者に原則の受入れを呼びかけました。金融事業者は、原則を踏まえて何がお客様のためになる行動であるのかを真剣に考え、横並びに陥ることなく、より良い金融商品・サービスの提供を競い合うようにしていかなければなりません（その後、2021年1月15日に改訂）。

　「貯蓄から投資へ」の動きを促進するためには、お客様が安心して投資行動を起こすことができる環境が必須です。特に、2018年につみたてNISAの制度が創設されてから、投資行動を起こす層に変化が生じています。従来、どちらかというと、投資は富裕層が行う傾向がありましたが、つみたてNISAの制度が導入されてから、金融知識や金融取引の経験が少ない20代30代といった若年層に投資行動が広がっています。

 たしかに、以前は、退職金の運用として投資信託や保険商品を案内するケースが多かったけど、今は、現役層に対して積立投資の案内をするケースが増えている。

　このように、若年層に投資が広まっているにもかかわらず、金融機関の説明の仕方が富裕層等に行っているものと変わらないというのはおかしな話です。また、投資家層だけで

なく、お客様が使うツールも 10 年前、20 年前とは大きく異なっています。金融機関の対応も時代とともに変化しなければいけません。

10 年前からスマホを使っているので、今は高齢者の範疇に入っているけど、問題なくスマホを使うことができるのよ。

「顧客本位の業務運営に関する原則」は、改めて、顧客本位の業務運営について考える直すきっかけになったといえます。また、そのヒントになるように、「顧客本位の業務運営に関する原則」には、注記が記載されており、各原則に基づき方針を考える際に気をつけるべき点が記されています。

金融庁では、販売会社がこの原則に基づき、創意工夫を発揮し、ベストプラクティス（最善の行動）を目指して顧客本位の良質な金融商品・サービスの提供を競い合うことを期待しています。また、販売会社に対して、こうした取組みを促すための対話・モニタリングを実施しています。

■　ルールベースのアプローチとプリンシプル（原則）ベースのアプローチ

プリンシプルベースで考えるためには、ルールが設けられた趣旨を理解し、その趣旨を踏まえ、お客様の最善の利益を追求するための行動を考える必要があります。簡単に言えば、決められたことだけ守っていればよいというわけではないということです。

＜プリンシプルベースで考えた場合＞

このお客様は、どのようなサービスを望まれているのだろうか？　顕在的なものだけでなく、潜在的に何を解決できれば、より豊かな生活を過ごしていただけるんだろうか？

＜ルールベースで考えた場合＞

> このお客様は、年齢が○歳なので、このような発言をされたら、発言の真意を確認するというルールになっていた。確認後は、資産形成についての考え方を 10 通りの中から選択していただき、その説明をして、その後は、どうやってお客様の潜在的な要望を引き出すんだっけ？

実際には、このような詳細なことまでをルール化することは不可能です。

　ある営業担当者が、高齢のお客様には、複数回面談した後でなければ販売してはいけないとされている金融商品を販売する際に、午前中訪問したあと、午後に再度訪問して販売をしたという事例がありました。社内ルール上は複数回面談をしているため、表面上（形式的に）はルールを遵守した行為ともいえます。しかし、複数回面談が必要とされているのは、「ご家族と相談する時間を持ってもらう」「ゆっくり検討する時間を持ってもらう」「一度説明した内容を理解していただけているかを確認する」といった理由からです。

　このような理由から考えると「午前中訪問したあと、午後に再度訪問して販売する行為」はルールの本質を踏まえた行為とはいえません。

　ルールの本質から逸脱していても、表面上はルールが遵守されていることから、ルールベースのアプローチでは、このような行為を防止するのが困難です。このような行為を防止するには、新たなルールを設ける必要があります。たとえば「複数回面談とは、お客様に商品を説明し、理解していただいたのちに、一定の間隔を開けたうえで、再度面談しなければならないというものである。一定の間隔とは、特に高齢者の場合は、慎重な対応が必要なため、原則として3日以上（土日祝日を含む）とする。ただし、お客様が家族との相談ができた旨を自ら申告された場合は、1日でも可とする。なお、当方からの質問により家族と相談したことが判明した場合は〜」といった詳細なルールを設ける必要があります。しかし、新たなルールを設けても、ルールが煩雑になるだけで、結局、ルールの本質を逸脱した行為を防ぐことは困難です。たとえば、単に「（説明から契約までに3日以上、空けなければならないルールだから）3日後に手続きする」といった行為が発生することも想定されます。

　プリンシプルベースのアプローチは、金融機関が遵守すべき重要ないくつかの原則や規範を示したうえで、それに沿って金融行政が行われるというものです。新しい金融商品あ

るいは新しい取引手法等が次々と生み出される金融の世界で、あらかじめすべての金融商品の取引に係るルールを設けておくことは困難です。そのため、ルールの原則を踏まえた対応を求める「プリンシプルベースのアプローチ」が採用されたといえます。

	メリット	デメリット
ルールベースの アプローチ	●行政指導の恣意性が排除される ●規制される側にとって予見可能性が高い	●形式的な遵守になりやすい ●ルールに当てはまらない事象が生じる ●迅速かつ頻繁な改訂、更新が必要
プリンシプルベース のアプローチ	●自主的な取組みが促進される ●経営の自由度が確保される	●自身で判断する部分が増える ●本質を理解するための教育が必要

コンプライアンス（法令遵守）の分野では、どこまでなら大丈夫で、どこから先は不可といったことをあらかじめ決めるのは困難です。たとえば、高齢者の定義についても、現在は、日本証券業協会の「高齢顧客への勧誘による販売に係るガイドライン」に基づき、多くの金融機関で75歳以上のお客様を高齢顧客と定めていますが、74歳までなら大丈夫で、75歳になったら、急にお客様の理解力が低下するわけではありません。65歳でも70歳でも、認知判断能力の低下が疑われる場合などは、慎重な投資勧誘が必要です。そのため、顧客本位の業務運営を行うためには、プリンシプルベースのアプローチが適しているといえるのです。

そうか！ 65歳のお客様でも、理解力に問題があるのではないかと不安になったら、ルールに関わらず、内部管理責任者等に事前承認の面談を依頼すべきなんだ。

本来であれば、金融機関は、自ら主体的に創意工夫のもと、お客様の利益に適うベストプラクティス（最善の行動）を目指す必要があるにもかかわらず、法令等を形式的に遵守してさえいればよいという状況になっていることに問題があります。

主体的とは、様々な状況下において、自らの意志や判断で行動することです。つまり

「何をする必要があるか」について、自ら考えて判断し、行動することです。よく似た言葉に自主的というものがあります。自主的とは、やるべき事をいかに人に言われる前にやるかということです。この場合、自分で物事を考え、判断するわけではありません。金融庁が求めているのは、自主的ではなく、主体的な行動です。

> **主体的：自ら考えて判断し、行動すること**
> **自主的：与えられた課題等について言われなくても自ら行動すること**

2 　顧客本位の業務運営に関する方針の策定・公表等

原則1【顧客本位の業務運営に関する方針の策定・公表等】
　金融事業者は、顧客本位の業務運営を実現するための明確な方針を策定・公表するとともに、当該方針に係る取組状況を定期的に公表すべきである。当該方針は、より良い業務運営を実現するため、定期的に見直されるべきである。

（注）金融事業者は、顧客本位の業務運営に関する方針を策定する際には、取引の直接の相手方としての顧客だけでなく、インベストメント・チェーンにおける最終受益者としての顧客をも念頭に置くべきである。

　金融機関が、この原則を受け入れるかどうかは各金融機関の判断に委ねられており、強制されているわけではありません。受け入れなくても、それを理由として行政処分されることはありません。

　「顧客本位の業務運営に関する原則」に基づく方針の策定は、あくまでもお客様のためです。各金融機関の方針がどのようなものであるのかはインターネットで簡単に検索できますが、各金融機関のホームページをひとつひとつ確認するのは手間がかかるうえに比較が困難です。そのため、金融庁は「金融事業者リスト」を公表するなどして、各金融事業者の顧客本位の業務運営への取組みの「見える化」に努めています。

　このリストは、「顧客本位の業務運営に関する原則」を採択したうえで、取組方針を策定し、その方針に基づき取り組んだ結果等を取組状況として公表している金融事業者のうち、このリストへの掲載を希望し、かつ、金融庁が定める掲載要件を満たした金融事業者のリストです。

　これにより、お客様は、どの金融機関が原則を採択し、どのような活動を行っているのかを調べやすくなっています。ただし、このリストの認知度はまだまだ低いといえます。

＜金融事業者リストのイメージ＞

金融機関名	取組方針等	原則2	上段：取組方針該当箇所／下段：取組状況該当箇所
BKS 銀行	URL	実施	取組方針 P2「お客様の最善の利益追求のための取組み」
			活動レポート P2～3
FSLB 銀行	URL	実施	基本方針 P2～3「お客様の最善の利益」
			今年度の取組状況「お客様の最善の利益を追求するために」

■　KPI

　もうひとつの「見える化」としては、KPIの公表（成果指標）があります。このKPIは、取組状況を数値化したもので、一般に取組状況に記載されています。なお、KPIには、自主的なKPIと共通KPIがあります。

　自主的なKPIは各金融機関が独自に定めるKPIです。たとえば、資産形成層の開拓を重視する場合、20歳代から40歳代のお客様の新規（投信）口座開設件数の伸び率を自主的なKPIのひとつにすることが考えられます。お客様の金融リテラシーの向上を重視するのであれば、お客様向けのセミナーの開催件数やそのアンケート結果などを自主的なKPIのひとつにすることが考えられます。

　ただ、間違ってはならないのは、たとえば、資産形成層の開拓でいえば、20歳代から40歳代のお客様の新規（投信）口座開設件数を伸ばすことが真の目的ではなく、資産形成層のお客様にアプローチし、資産形成のためには投資信託の積立などが有効であることを説明し、お客様に理解していただいたうえで、投資信託の積立などをしていただくことが真の目的だということです。

　自主的なKPIを意識するあまり、新規口座開設件数だけが伸びても、それが「利用されない口座（いわゆるカラ口座）」であれば、まったく意味をなしません。最終目標が、自主的なKPIに掲げた事項の形式的な達成にならないように注意する必要があります。

KPI の形式的な達成が最終目標ではない！

これらの「見える化」によって、お客様は、自分に合った金融機関を選ぶことができるようになったといえます。金融機関を選ぶというと、特別なことのように思えますが、飲食店などでは普通に行っていることです。たとえば飲食店などでは「当店はセルフサービスになっています」「当店の野菜は、○○市の△△農家から仕入れています」「当店は朝採れの食材を使って調理しています」などと、お客様に対するサービス内容を公表し、そのうえで、他の飲食店との差別化を図り、切磋琢磨しながら、より良い商品・サービスの提供に努めています。消費者（お客様）は、それらの情報や口コミサイトなどを参考にして飲食店を選んだりしています。

　金融機関を選ぶ理由として、「自宅や職場に近いから」「給与振込みで指定された金融機関だから」「ATMの数が多く便利だから」というのは、キャッシュレス決済が進む中、時代にそぐわなくなってきています。実際、ここ最近、金融機関はATMの数を減らしています。

　そのため、今後、金融機関は、商品の質、サービスの質を高めることによって、お客様から選ばれることを目指さなければならないといえます。

　なお、この方針等は一度公表すれば、それで終わりというものではありません。この方針に係る取組状況を毎年定期的に公表しなければならず、それに合わせて、方針等についても年に1回程度の定期的な見直しが必要とされています。PDCAサイクルを意識した行動です。ただし、この方針等への対応状況に問題があることを理由に、行政処分が行われることはないとされています。もちろん、法令違反と判断される事象があった場合には、法令に則り厳正に対処されます。

■　投資信託の販売会社における比較可能な共通KPI

　自主的なKPIを公表するだけでは金融機関間の比較がしづらいため、比較可能な共通KPIの公表が求められています。共通KPIは、これまでに公表された各金融機関の自主的なKPIの好事例のものなどを踏まえて、長期的にリスクや手数料等に見合ったリターンがどの程度実現できているのかを「見える化」することが目的とされています。

＜投資信託の販売会社における比較可能な3つの共通KPI＞

- ▶　運用損益別顧客比率
- ▶　投資信託預り残高上位20銘柄のコスト・リターン
- ▶　投資信託預り残高上位20銘柄のリスク・リターン

「運用損益別顧客比率」は、基準日（毎年 3 月末）時点において、お客様が保有されている投資信託の購入時以降の累積の運用損益（手数料控除後）を算出し、お客様の運用損益の比率を示した指標です。この指標により、各金融機関において現在保有されている投資信託の損益状況が、全体でどのようになっているのかがわかります。

「投資信託預り残高上位20銘柄のコスト・リターン」「投資信託預り残高上位20銘柄のリスク・リターン」は、設定後 5 年以上経過している取扱投資信託の中での預り残高上位20銘柄について、「銘柄ごと」および「預り残高上位20銘柄の加重平均（全体平均）」のコストとリターンの関係、リスクとリターンの関係を示した指標です。これらの指標により、中長期的に、金融機関がどのようなリターンの実績がある商品をお客様に提供しているのかがわかります。

この共通KPIは、お客様が各業態の枠を超えた商品の比較を容易にする観点から、投資信託と類似の機能を有する金融商品として比較推奨が行われている外貨建保険についても、投資信託の共通KPIと同様の基準で定義した以下の 2 つの指標を公表することとされています。

＜外貨建保険の販売会社における比較可能な共通 KPI ＞

▶　運用評価別顧客比率
▶　銘柄別コスト・リターン

なお、外貨建保険のコスト・リターンについては、保険会社が販売代理店に支払う代理店手数料率をコストとしている一方、投資信託のコスト・リターンについては、お客様が負担する購入時手数料率および信託報酬率をコストとしていることから、投資信託とコスト面で比較するのは適切ではありません。

3 顧客の最善の利益の追求

> **原則2 【顧客の最善の利益の追求】**
>
>   金融事業者は、高度の専門性と職業倫理を保持し、顧客に対して誠実・公正に業務を行い、顧客の最善の利益を図るべきである。金融事業者は、こうした業務運営が企業文化として定着するよう努めるべきである。
>
> （注）金融事業者は、顧客との取引に際し、顧客本位の良質なサービスを提供し、顧客の最善の利益を図ることにより、自らの安定した顧客基盤と収益の確保につなげていくことを目指すべきである。

　お客様の最善の利益を考えた場合、「お客様が儲かる金融商品を案内することが求められている」と思いがちですが、単に期待リターンが大きいことが最善の利益につながるとは限りません。

　まず、その期待リターンを得るための、リスクやコストが見合っているかどうかを考えることが大切です。特に近年、運用管理費用（信託報酬）については引下げの傾向があるため、約款変更等がなければ、10年以上前に設定された投資信託よりも、最近設定された投資信託のほうが、運用管理費用（信託報酬）等が低くなっている傾向があります。

　リターンが同程度であれば、コストは低いほうがお客様の利益になります。

> エアコンだって、性能（リターン）がものすごくよくても、電気代（コスト）がものすごく高ければ困る。同じ性能であれば、電気代が節約できるほうがいいわね。

　また、「原則6．顧客にふさわしいサービスの提供」の箇所でも解説しますが、お客様の投資目的やリスク許容度に合っていない金融商品の提案もお客様の最善の利益を追求しているとはいえません。

　金融機関の営業担当者は、利益が生じたらお客様は喜んでくださるに違いないと思って金融商品を提案していると思います。もちろん、利益が生じて苦情を申し出るお客様はいらっしゃらないと思いますが、そのために大きなリスクを取り、お客様のリスク許容度を

超えているのであれば、それはお客様の最善の利益を考えた提案とはいえません。

> 利益になっていると聞いてほっとしました。勧められて申し込んだものの、何か途中は損失が出ていたみたいだし、思ったより手数料は高いし……よくわからなくて内心ハラハラしていました。損をしていないのであればもう換金しようと思います。

　お客様に対して悪気があるわけではなくても、営業担当者にメリットがあるような提案ばかり行うことも顧客本位の提案とはいえません。

> Xファンドの基準価額が上昇し、結果的にお客様に利益を獲得していただいたけど、そもそもXファンドを提案したのは、一番説明が得意な商品だったから。基準価額が上昇してお客様に利益が出たのは、単なる結果論でしかなく、本当は自分本位で「説明しやすい商品」を提案していました。

　なお、注記に、「自らの安定した顧客基盤と収益の確保につなげていくことを目指すべきである」とありますので、顧客本位の業務運営を実践するということは、お客様の利益だけを考えなさいというのではなく、お客様の利益が金融機関の収益の確保にもつながるようにしましょうということです。

　金融商品に限ったことではありませんが、何かを購入しようとした際に、価格の高い商品ばかりを提案されるとそのお店や営業担当者に不信感を持つことがあります。類似の性能を持つものであれば、価格が低いものを紹介してもらいたいでしょう。

　投資信託も同じような運用方針のものであれば、手数料率の低い投資信託を提案することで、お客様に喜んでもらうことができ、その結果、お客様と継続した取引が期待できるのではないでしょうか。

手数料率の低い投資信託を提案 → お客様の最善の利益につながる → ●継続した取引 ●お客様からのご紹介 → 金融機関の収益の確保

営業担当者が良心的で誠実な対応をすれば、お客様は再度、その営業担当者の話を聞きたいと思います。もし、1回だけの投資信託等の購入で、その後、相談も含めてお客様との取引が途絶えてしまっているのであれば、投資信託購入の際の対応がお客様の最善の利益を考えていたか、契約が取りやすい行為ばかりしていなかったかについて、振り返る必要がありそうです。

4　利益相反の適切な管理

> **原則3【利益相反の適切な管理】**
>
> 　金融事業者は、取引における顧客との利益相反の可能性について正確に把握し、利益相反の可能性がある場合には、当該利益相反を適切に管理すべきである。金融事業者は、そのための具体的な対応方針をあらかじめ策定すべきである。
>
> （注）金融事業者は、利益相反の可能性を判断するに当たって、例えば、以下の事情が取引又は業務に及ぼす影響についても考慮すべきである。
> - 販売会社が、金融商品の顧客への販売・推奨等に伴って、当該商品の提供会社から、委託手数料等の支払を受ける場合
> - 販売会社が、同一グループに属する別の会社から提供を受けた商品を販売・推奨等する場合
> - 同一主体又はグループ内に法人営業部門と運用部門を有しており、当該運用部門が、資産の運用先に法人営業部門が取引関係等を有する企業を選ぶ場合

　利益相反とは、当事者の一方が利益になる場合において、もう一方が不利益になる状況をいいます。なんとなく組織的な大掛かりなことという印象があり、そのような行為は通常起こりえないと考えるかもしれませんが、注記をみると、非常に身近なものであることがわかります。

　たとえば注記の1番目の「当該商品の提供会社から、委託手数料等の支払いを受ける場合」というのは、保険商品であれば、銀行等金融機関は保険商品を募集することで、保険会社から募集代理店手数料を受け取ります。投資信託であれば、投信会社から運用管理費用（信託報酬）を受け取ります。運用管理費用（信託報酬）は、販売会社、投信会社、受託会社の3社が受け取るものですが、お金の流れを見ると販売会社は投信会社から運用管

理費用（信託報酬）を受け取っています。

　これは運用管理費用（信託報酬）の配分が、各販売会社販売分の純資産残高に応じて変動する投資信託を考えるとわかりやすいと思います。たとえば運用管理費用（信託報酬）の総額が純資産総額に対して税抜1.5％の投資信託があったとします。これが投信会社、販売会社、受託会社に分配されます。配分比率は、販売額に関わらず一定の投資信託が多いのですが、下記のように、一部、各販売会社販売分の純資産残高によって比率が変わる投資信託があります。2000年前後に毎月分配型投資信託の人気をけん引していたグローバルソブリンオープンもこの形式をとっています。

＜運用管理費用の配分が、各販売会社販売分の純資産残高に応じて変動する投資信託の例＞

		合計	投信会社	販売会社	受託会社
販売会社販売分の純資産残高	100億円以下	1.5%	1.1%	0.35%	0.05%
	100億円超 400億円以下	1.5%	1.0%	0.45%	0.05%
	400億円超	1.5%	0.8%	0.65%	0.05%

　この場合、販売会社販売分の純資産残高が100億円超、あるいは400億円超になると、販売会社が受け取る運用管理費用（信託報酬）の配分比率が高くなります。このため、販売会社は、自社の収益を考えると、その投資信託をより販売したくなるかもしれません。しかし、そのような理由でこの投資信託を販売・推奨し、この投資信託がお客様の投資目的やリスク許容度などと照らして最善のものでなければ、利益相反の可能性が疑われます。

　購入時手数料でいえば、販売会社が、金融商品の販売・推奨等に伴って、購入時手数料がより低い商品があるにもかかわらず、購入時手数料の高い商品ばかり販売することも利益相反の可能性が疑われます。

　また、同一グループに属する会社から提供を受けた金融商品を、販売会社が販売・推奨等を行うことは禁じられているわけではありませんが、取引におけるお客様との利益相反の可能性について正確に把握し、利益相反の可能性がある場合には、当該利益相反の適切な管理が必要です。営業担当者が、本当にお客様に合った商品を選択した場合でも、お客様は、グループ会社の商品だから推奨したのではないかと思われる可能性があることを意識しておきたいものです。

こちらの○○ファンドがお客様の要望に適った商品であると思います。

やはり、同じグループ会社の投資信託を推奨するんだ。

■ 投信会社や保険会社が実施する勉強会の留意点

　投信会社や保険会社が実施する勉強会は、いわゆる商品のメーカーが行うため、商品内容の理解が進み、また当該商品のセールスポイントが明確になることもよくあります。

なるほど……
このように説明すればいいんだ！

　ただし、この説明は「どのように説明すれば、この投資信託／保険商品の販売ができるのか」というものです。投信会社や保険会社の勉強会が、インパクトのあるものであればあるほど、その影響度は大きく、営業担当者は同じセールストークを使って同じ商品の提案ばかりしてしまう可能性があります。

　かつて、ブラジルでオリンピックの開催が決定した際に、営業担当者がこぞって「オリンピック景気が期待できます」といって、ブラジルの株式等に投資をする投資信託の提案ばかりしたり、先進国の金利が低下した際に、「先進国の中で金利が高い国に投資をしましょう」といってオーストラリアの債券に投資をする投資信託の提案ばかりしていたのも投信会社の勉強会が大きく影響したからといえます。その結果、「セールストークが確立している説明しやすい投資信託」として、これらの投資信託ばかり勧誘していたといえます。

　営業担当者が「説明しやすい商品」だからといった理由で、研修の際にセールストークの説明を受けた商品ばかり提案するのは、たとえ利益相反に該当しなくても、「お客様の最善の利益を追求する」行為から逸脱しているといえます。

　なお、利益相反について説明することは、原則5において提供すべきとされている「重要な情報」のひとつになっています。

利益相反の可能性の有無はお客様に提供すべき「重要な情報」のひとつ

5 手数料等の明確化

> **原則 4 【手数料等の明確化】**
>
> 　金融事業者は、名目を問わず、顧客が負担する手数料その他の費用の詳細を、当該手数料等がどのようなサービスの対価に関するものかを含め、顧客が理解できるよう情報提供すべきである。

　定期預金の手続きをする際には、お客様が 1 年物の定期預金を選択されても、5 年物の定期預金を選択されても、「今後、何かにご利用される予定のある資金ですか？」とお客様のニーズをその都度確認するよりも、早く事務処理を行おうとするのが一般的です。

　最近では、店頭等での申込みよりも、インターネットバンキングで申し込んだほうが預金利率を高くするなどして、なるべく手続きはインターネットで完結させるようにして効率化を図ろうとする傾向にあります。

　一方、投資信託や保険商品などもインターネット取引はありますが、対面取引においては、お客様の属性やライフプランなどをお伺いし、そのうえで、お客様にどのような商品がふさわしいのかを考えて提案します。投資信託の購入時手数料、保険商品の募集代理店手数料は、これらのサービスの対価として受け取っているといえます。言い換えると、手数料を受け取るだけの情報提供等のサービスを行わなければならないということです。

　ホテル業界で考えてみます。一般に、リゾートホテルの価格は、ビジネスホテルの価格よりも高く設定されています。これは、サービスの違いともいえます。リゾートホテルは、一般に、お客様がくつろぎを求めて来るため、従業員のおもてなしに関する教育や部屋の設備など、ひとつひとつが行き届いており、お客様にくつろぎの時間や空間を与えます。もし、高い宿泊料金を取って、従業員が機械的な応対をしたり、部屋も清潔でそこそこの広さはあるものの、特に満足できるものではなかったりすると、お客様は不快になり、二度とそのホテルを利用しようとはされないでしょう。しかし、これがビジネスホテルであれば違います。「この価格で、この程度であれば、いいかな？」と思ったりされます。

　営業担当者は、手数料を受け取ることにプライドをもって、お客様に「手数料を支払うだけの価値がある」と思っていただけるように努めなければなりません。インターネット取引とのすみわけともいえます。

【投資信託・保険商品の勧誘等に係るサービス】

▶ 商品説明

▶ お客様のライフプラン等に合わせた資産形成に係るアドバイス

▶ 金融に係る用語や制度等の説明

▶ お客様の資産に係る問題点や不安要素等の解決策の提示

▶ 経済の状況に係る見通し等の説明

▶ その他、必要な情報提供　　など

預り資産販売に係る手数料は、単なる事務取扱手数料ではない！

　しかし、営業担当者は、どれだけの意識をもって、手数料に見合った説明をしようとしているでしょうか。投資信託の購入時手数料は、2.2％や3.3％など様々です。一般には、投資信託の運用における仕組みが複雑で、お客様への説明に時間を要するものほど、購入時手数料の料率が高くなっているといえます。

　たとえば、主に国内の国債を投資対象とし、運用手法がラダー型（残存期間が長期のものから短期のものまで均等に保有する方法）の投資信託の場合、リスクについては、債券の金利変動リスクを中心に説明することになります。一方、国内外の株式・債券・不動産投資信託を投資対象とし、それぞれ、バリュー型運用（割安な銘柄に着目した運用手法）、高金利国への積極的な投資、高配当利回りに着目した投資をする投資信託などであれば、国内の国債を投資対象とする投資信託よりも、より長い説明時間が必要であり、お客様の理解度に合わせた説明も、より丁寧に慎重に行う必要があります。

　本来、このような説明量の差が購入時手数料の料率の差になっていたといえますが、購入時手数料の料率が、投信会社が定める上限の範囲内であれば、販売会社が自由に設定できるようになってから、一般論では料率の差を説明しきれなくなっています。

　また、購入時手数料の料率について、申込金額に応じた段階料率を設けていない場合、1,000万円の申込みをしたお客様は、100万円の申込みをしたお客様の10倍の金額の購入時手数料を支払うことになります。しかし、投資信託の勧誘に要する時間やアフターフォローに要する時間は、それほど違いがないのが現状といえます。同程度のサービスとした場合、この金額の違いの説明は困難といえます。

> たとえば、購入時手数料の料率が 2.2％の投資信託を金額指定で 1,000万円申し込まれたお客様は、手数料を約 21.5 万円支払っている。同じ投資信託を金額指定で 100 万円申し込まれたお客様の場合、その額は約 2.15 万円。1,000 万円の申込みをされたお客様に対して、この手数料の差に相当する情報提供や資産相談を行っていない！

■ 情報開示

　投資信託については、もともと契約締結前交付書面等に手数料の記載が義務付けられていましたが、保険商品に係る募集代理店手数料は、お客様が直接負担するものではないため開示の対象外とされていました。しかし、一部の保険代理店では、お客様のニーズに関わらず募集代理店手数料の高い保険商品を中心に募集活動を行っているという事態が起こり、また、顧客本位の業務運営に関する原則における「手数料等の明確化」にも反することから、多くの金融機関では、2016 年 10 月頃より投資性の強い保険商品である特定保険契約について、保険会社から受け取る募集代理店手数料の自主開示を行っています。

　ただし、手数料については開示すればよいというものではありません。お客様の中には、「投資信託の購入の際に手数料がかかると聞いていたものの、こんなに高い金額だとは思わなかった」とおっしゃる人もいらっしゃいます。

　金融商品取引業者等向けの総合的な監督指針において、投資信託の手数料については、料率だけを示すのではなく、以下のような事項をわかりやすく説明することを求めています。

▶ 購入時手数料の料率および購入代金に応じた金額（勧誘時点で確定できない場合は概算額）
▶ 運用管理費用（信託報酬（ファンド・オブ・ファンズ方式での運用を行う投資信託については投資対象とするファンドの運用管理費用を含めた実質的な負担率））
▶ 信託財産留保額　等

　そもそも投資初心者のお客様にとっては、購入時手数料や運用管理費用（信託報酬）等がファンドによって異なるという認識がないため、営業担当者の言いなりになってしまう可能性があります。

　お客様が理解できるようにするためには、他のファンド等との比較をしたり、何の対価となっているのかを説明したりする必要があります。

投資信託には、購入時手数料や運用管理費用（信託報酬）など様々な費用がかかりますが、この費用はファンドごと異なります。
たとえば、購入時手数料は、お客様が投資信託を申し込まれる際に情報提供をさせていただいたり資料を作成したりするのに必要な費用となっています。

　なお、iDeCoの説明の際の手数料についての説明が不十分である事例が散見されます。多くの場合、加入者が年間の口座管理料を支払わなければならないことについての説明はされているものの、たとえばiDeCoの口座開設の際や移換時に手数料がかかること、運用指図者となっても口座管理料がかかること、受給の都度、給付に係る手数料がかかることなどの説明はあまりされていないようです。

加入者ではなく、運用指図者になった場合、掛金の収納にかかる手数料（支払先：国民年金 105 円／回）はかからないけど、運営管理機関に支払う手数料（金融機関によって異なり、0 円の場合もあります）や拠出金管理等に係る手数料（事務委託先金融機関 66 円／月）はかかるんだった！

6 　重要な情報のわかりやすい提供

原則5【重要な情報の分かりやすい提供】
　金融事業者は、顧客との情報の非対称性があることを踏まえ、上記原則4に示された事項のほか、金融商品・サービスの販売・推奨等に係る重要な情報を顧客が理解できるよう分かりやすく提供すべきである。

（注1）重要な情報には以下の内容が含まれるべきである。
- 顧客に対して販売・推奨等を行う金融商品・サービスの基本的な利益（リターン）、損失その他のリスク、取引条件
- 顧客に対して販売・推奨等を行う金融商品の組成に携わる金融事業者が販売対象として想定する顧客属性

- 顧客に対して販売・推奨等を行う金融商品・サービスの選定理由（顧客のニーズ及び意向を踏まえたものであると判断する理由を含む）
- 顧客に販売・推奨等を行う金融商品・サービスについて、顧客との利益相反の可能性がある場合には、その具体的内容（第三者から受け取る手数料等を含む）及びこれが取引又は業務に及ぼす影響

（注２）金融事業者は、複数の金融商品・サービスをパッケージとして販売・推奨等する場合には、個別に購入することが可能であるか否かを顧客に示すとともに、パッケージ化する場合としない場合を顧客が比較することが可能となるよう、それぞれの重要な情報について提供すべきである（（注２）〜（注５）は手数料等の情報を提供する場合においても同じ）。

（注３）金融事業者は、顧客の取引経験や金融知識を考慮の上、明確、平易であって、誤解を招くことのない誠実な内容の情報提供を行うべきである。

（注４）金融事業者は、顧客に対して販売・推奨等を行う金融商品・サービスの複雑さに見合った情報提供を、分かりやすく行うべきである。単純でリスクの低い商品の販売・推奨等を行う場合には簡潔な情報提供とする一方、複雑又はリスクの高い商品の販売・推奨等を行う場合には、顧客において同種の商品の内容と比較することが容易となるように配意した資料を用いつつ、リスクとリターンの関係など基本的な構造を含め、より分かりやすく丁寧な情報がなされるよう工夫すべきである。

（注５）金融事業者は、顧客に対して情報を提供する際には、情報を重要性に応じて区別し、より重要な情報については特に強調するなどして顧客の注意を促すべきである。

　重要な情報とは、注記にあるように金融商品の基本的な仕組みや特性だけではありません。「販売対象として想定する顧客属性」や「金融商品・サービスの選定理由」「利益相反の可能性」も含まれます。

販売対象として想定する顧客属性って？

簡単にいうと、そもそもどのような人向けに作られている金融商品であるのかを示すことです。

たとえば、服で考えた場合も「仕事で着る服」「プライベートで着る服」「自宅でリラックスする際に着る服」などと、服によって用途が異なります。さらに、プライベートでは、「スポーツジムで着る服」「同窓会に着ていく服」「ちょっとコンビニに行くときに着る服」などと細分化できます。目的によって着るものが異なっているということです。

たとえば、「スポーツジムで着る服」が汗の吸収がよい素材でできているものだったとします。しかし、一般に「ちょっとコンビニに行くときに着る服」にそこまでの機能性は必要ではないでしょう。また、「よくお似合いだと思います」と勧められても、仕事用のスーツを自宅でリラックスしたいときに着ようと思う人はいないでしょう。

金融商品はどうでしょうか？ 投資目的に合わせてお客様に選択してもらう前に、まずは、どのような人向けに作られているものであるのかを示すと、お客様は商品選択の際にまったく趣旨とは異なったものを選ばずに済むと思われます。

この保険商品ってどのようなものですか？

こちらの保険商品は、相続や贈与を考えていらっしゃるお客様に検討していただきたい商品となっています。

相続や贈与は考えていないので、その商品はパスね。

この保険商品ってどのようなものですか？

こちらの保険商品は、資産を増やして遺したいというお客様に検討していただきたい商品となっています。

増やすだけなら投資信託でもいいけど、遺すということも考えるなら、保険商品という選択もありだね。

どのような人向けに作られているかを示すことで、お客様は自分のニーズを大きく外すような商品選択をしなくて済みます。そして、それを短時間で行うこともできますので、営業担当者にとっても「販売対象として想定する顧客属性」を説明することはメリットといえます。

■ 情報の非対称性

金融機関は、お客様の取引経験や金融知識を考慮のうえ、明確、平易であって、誤解を招くことのない誠実な内容の情報提供を行わなければなりません。

つまり、適合性の原則に即した営業活動をしなければならないということです。そして、「顧客本位の業務運営に関する原則」においては、説明の際に、まずお客様と情報の非対称性（情報の格差）があることを認識する必要があることを指摘しています。

2023年1月に投資信託協会から公表された「2022年度投資信託に関するアンケート調査報告書」によると、現在、投資信託を保有している人全体の平均で、投資信託に「元本保証がない」ことを認知している人は73.4％、「投資信託は運用会社が運用している」ことを認知している人は50.7％、「1社の株を買うよりも株式投資信託を買う方が分散効果が期待できる」ことを認知している人は41.8％という結果になっています。

なお、投資信託保有の有無に関わらず、トータルで、「元本の保証はない」の認知度が48.2％となっており、これは2021年度調査の同項目が50.6％、2022年度では49.7％だったのに対して減少しています。マーケットが大きく下落していないことを背景に元本保証がないことをあまり意識していないのかもしれません。年代別では、若年層の認知度が低くなっている傾向が見受けられます（20代では26.5％、30代では36.5％、40代では44.7％の認知度）。

若年層の認知度が低いのは、インターネットからの情報が主となり、情報に偏りがあることが原因のひとつと考えられます。営業担当者は、きちんと説明しているつもりでも、実際の認知度は低い状態であることを認識して、丁寧な情報提供を心掛ける必要性を感じていただきたいと思います。

こんなにご存知ではないんだ……これが情報の非対称性の実体か！

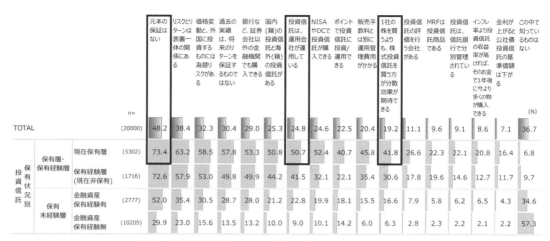

			元本の保証はない	リスクとリターンは表裏一体の関係にある	価格変動と、外国に投資するものには為替リスクがある	過去の実績は、将来のリターンを保証するものではない	銀行など、証券会社以外の金融機関でも購入できる	国内(籍)の投資信託と海外(籍)の投資信託がある	投資信託は、運用会社が運用している	NISAやDCで投資信託が購入できる	ポイントで投資信託に投資/運用できる	販売手数料とは別に運用管理費用がかかる	1社の株を買うよりも、株式投資信託を買う方が分散効果が期待できる	投資信託の評価を行う会社がある	MRFは投資信託商品である	投資信託は、銀行で分別管理されている	インフレ率より投資信託の収益率が高ければ、そのお金で1年後に今より多くの物が購入できる	金利が上がると公社債投資信託の基準価額は下がる	この中で知っているものはない
		n=																	(%)
TOTAL		(20000)	48.2	38.4	32.3	30.4	29.0	25.3	24.8	24.6	22.5	20.4	19.2	11.1	9.6	9.1	8.6	7.1	36.7
投資信託 保有状況別	保有層・保有経験層	現在保有層 (5302)	73.4	63.2	58.5	57.8	53.3	50.8	50.7	52.4	40.7	45.8	41.8	26.6	22.3	22.1	20.8	16.4	6.8
		保有経験層(現在非保有) (1716)	72.6	57.9	53.0	49.8	49.9	44.2	41.5	32.1	22.1	35.4	30.6	17.8	19.6	14.6	12.7	11.7	9.7
	保有未経験層	金融資産保有経験有 (2777)	52.0	35.4	30.5	28.7	28.0	21.2	22.8	19.9	18.1	15.5	16.6	7.9	5.8	6.2	6.5	4.3	34.6
		金融資産保有経験無 (10205)	29.9	23.0	15.6	13.5	13.2	10.0	9.0	10.1	14.2	6.0	6.3	2.8	2.3	2.2	2.1	2.2	57.3

出所：投資信託協会「2022年度投資信託に関するアンケート調査報告書」（2023年1月）

株価が動くのはなんとなくわかっていたけど、債券にも価格があって変動するなんて知らなかったよ。

　情報の提供というと、リスクや費用の説明に気を取られがちですが、たとえば、複数の金融商品・サービスをパッケージとして販売・推奨等する場合（ファンドラップ、ファンド・オブ・ファンズ形態の投資信託、仕組債等の仕組商品、外貨建一時払保険等を含む）には、個別に購入することが可能かどうかをお客様に示すことも重要な情報提供です。また、パッケージ化する場合としない場合で、どのような違いがあるのかをお客様にわかりやすく説明する必要があります。

ファンド・オブ・ファンズの形態の投資信託は、投資対象となっている投資信託を個別で購入することができるものもあるんだ……それを個別で購入して、現在保有している投資信託と分散投資をしてもよかったんだ。

　お客様に十分に理解していただくためには、マニュアル通りの、通り一遍の説明をするのではなく、お客様に単純でリスクの低い商品の販売・推奨等を行う場合には簡潔な情報提供をする一方、複雑またはリスクの高い商品の販売・推奨等を行う場合には、お客様が同種の商品の内容と比較することが容易となるように配意した「重要情報シート」などを用いて、リスクとリターンの関係など基本的な構造を含め、よりわかりやすく丁寧な情報

提供ができるように工夫する必要があります（「Ⅱ．重要情報シートの活用」参照）。

　金融機関の営業担当者が、お客様にとってわかりやすい説明を行うとともに、適切な情報提供を行うことで、お客様はもっと資産形成と真剣に向き合われるかもしれません。

7 顧客にふさわしいサービスの提供

> **原則 6 【顧客にふさわしいサービスの提供】**
>
> 　金融事業者は、顧客の資産状況、取引経験、知識及び取引目的・ニーズを把握し、当該顧客にふさわしい金融商品・サービスの組成、販売・推奨等を行うべきである。
>
> （注 1 ）金融事業者は、金融商品・サービスの販売・推奨等に関し、以下の点に留意すべきである。
> - 顧客の意向を確認した上で、まず、顧客のライフプラン等を踏まえた目標資産額や安全資産と投資性資産の適切な割合を検討し、それに基づき、具体的な金融商品・サービスの提案を行うこと
> - 具体的な金融商品・サービスの提案は、自らが取り扱う金融商品・サービスについて、各業法の枠を超えて横断的に、類似商品・サービスや代替商品・サービスの内容（手数料を含む）と比較しながら行うこと
> - 金融商品・サービスの販売後において、顧客の意向に基づき、長期的な視点にも配慮した適切なフォローアップを行うこと
>
> （注 2 ）金融事業者は、複数の金融商品・サービスをパッケージとして販売・推奨等する場合には、当該パッケージ全体が当該顧客にふさわしいかについて留意すべきである。
>
> （注 3 ）金融商品の組成に携わる金融事業者は、商品の組成に当たり、商品の特性を踏まえて、販売対象として想定する顧客属性を特定・公表するとともに、商品の販売に携わる金融事業者においてそれに沿った販売がなされるよう留意すべきである。
>
> （注 4 ）金融事業者は、特に、複雑又はリスクの高い金融商品の販売・推奨等を行う場合や、金融取引被害を受けやすい属性の顧客グループに対して商品の販売・推奨等を行う場合には、商品や顧客の属性に応じ、当該商品の販売・推奨等が適当かより慎重に審査すべきである。

（注５）金融事業者は、従業員がその取り扱う金融商品の仕組み等に係る理解を深めるよう努めるとともに、顧客に対して、その属性に応じ、金融取引に関する基本的な知識を得られるための情報提供を積極的に行うべきである。

　この原則のポイントとしては、「適合性の原則」「比較説明」「フォローアップ」「知識の習得」と考えられます（フォローアップについては「第2章Ⅴ．アフターフォロー」参照）。

「適合性の原則」「比較説明」「フォローアップ」「知識の習得」

■ 適合性の原則

　適合性の原則とは、お客様に適した商品を勧誘・販売しなければならないというものです。この原則は、金融商品取引法や日本証券業協会の自主規制規則にも定められています。ポイントとなるのは、「知識」「経験」「財産の状況」「投資目的」の4要素ですが、これらに具体的かつ明確な基準があるわけではありません。

◆ 金融商品取引法第40条
　金融商品取引業者等は、金融商品取引行為について、顧客の知識、経験、財産の状況及び金融商品取引契約を締結する目的に照らして不適当と認められる勧誘を行って投資者の保護に欠けることのないように業務を行わなければならない。

◆ 日本証券業協会「協会員の投資勧誘、顧客管理等に関する規則」第3条第2項
　協会員は、顧客の投資経験、投資目的、資力等を十分に把握し、顧客の意向と実情に適合した投資勧誘を行うよう努めなければならない。

　また、金融サービスの提供に関する法律（金融サービス提供法）※で、適合性の原則を踏まえた説明義務を課しています。「当該顧客に理解されるために必要な方法及び程度」とありますので、お客様の属性を把握し、その属性に合った説明をしなければなりません。

◆ 金融サービス提供法第4条第2項
　重要事項の説明は、顧客の知識、経験、財産の状況及び当該金融商品の販売に係る契約

を締結する目的に照らして、当該顧客に理解されるために必要な方法及び程度によるものでなければならない。

※2023年11月20日に成立した金融商品取引法等の一部改正(2023年11月29日公布)により、金融サービスの提供に関する法律名称が「金融サービスの提供及び利用環境の整備等に関する法律」に改められます(公布後3か月以内に施行)。

営業担当者は、お客様カード等の受入れも行っており、お客様の適合性については十分に考慮していると思われるかもしれません。しかし、それらをルールベースだけで捉えてはいないでしょうか。「長期で使う予定がない資金」「投資比率○％未満」「年収あり」といったひとつひとつの項目を投資信託や保険商品を勧誘できるかどうかの基準でしか見ていないようでは、お客様の本当の適合性にあった提案はできません。

もちろんルールを遵守することは大切です。

しかし、たとえば、金融機関のルールで投資性金融商品の投資比率は保有金融資産の30％以下と定められていたとします。

次のお客様を比べてみてください。

A様(70歳):保有金融資産2億円。投資信託など投資性のある金融商品に6,000万円投資している。

B様(70歳):保有金融資産600万円。投資信託などの投資性のある金融商品に180万円投資している。

A様とB様の投資比率はどちらも30％ですので、ルール上問題はありません。しかし、今後、もし体調を崩されて入院することがあったとすると、その後の生活への影響はB様のほうが大きいことがわかります。そのため次のようなことが考えられないでしょうか。

A様:いや〜入院しちゃってね。何だかんだとお金も60万円ぐらいかかってしまったよ。まあ、それでも投資性のある金融商品を除いても1億円以上のお金はあるから、投資信託もこのまま長期保有を続けるよ。

B様：入院してしまい、60万円程度の支出になりました。投資性のある金融商品を除いた金融資産は360万円程度になってしまったので、今後、また入院など想定外のことが起こると心配です。投資信託を保有していますが、損をしないのであれば、預金で安全に保有しておきたいと思います。

　また、B様と同じ金融資産の状況のC様は、医療保険に加入されていたため、入院中の支出がすべて保険の給付金で賄うことができました。退院後の通院給付金も支払われるので、その分は安心とのことです。

　このようにルール上は問題がなくても、お客様の属性によって、投資比率30％までの投資がふさわしいかどうかに違いが出てくることを認識していただきたいと思います。

　なお、お客様がご自身にふさわしくない金融商品を選択されようとした場合、検討し直すように促すことも適合性の原則に沿った対応です。住宅ローン等で考えた場合、お客様が現在の年収では返済に滞りが生じる可能性が高いときには、住宅ローンの審査は通りません。株式や投資信託等を買いたいから融資をして欲しいといわれても、購入した株式や投資信託等が下落すると返済金に困ることになるため、一般にそのような理由では融資は行われません。ふさわしくないものはお断りをしているのです。

　また、たとえば、現在、お客様が保有している金融商品が「米ドル建ての外貨預金」「アメリカの債券を投資対象としている投資信託」「アメリカの株式を投資対象としている投資信託」「米ドル建ての一時払い保険商品」であった場合を考えてみます。このとき、再度、お客様が追加で「米ドル建ての一時払い保険商品」の購入を希望されたとすると、営業の側面からは、即「ありがとうございます」といいたいところですが、適合性の原則を鑑みた場合、お客様の保有資産が、米ドルの為替変動リスクが大きくなっていることを説明し、資産のバランスを考えなくてもよいのかを確認する必要があります。

　このような観点からみると、複数の金融商品・サービスをパッケージとして販売・推奨等する場合（ファンドラップ、ファンド・オブ・ファンズ形態の投資信託、仕組債等の仕組商品、外貨建一時払保険等を含む）にも、そのようなパッケージ商品が、そのお客様にふさわしいかについて、よく考えなければなりません。

　なんとなく資産分散をしていれば、リスクが低減されるので、ファンド・オブ・ファンズ形態の投資信託を選択していることがありますが（特に、ファンド・オブ・ファンズ形態の投資信託には資産複合型（バランス型）の投資信託が多くあります）、仮にお客様がフ

ァンド・オブ・ファンズ形態の投資信託が投資対象としている投資信託を個別で保有されている（あるいは、それと類似した投資信託を保有されている）場合には、当該ファンド・オブ・ファンズ形態の投資信託が、そのお客様にふさわしい投資信託であるかどうか、再度よく考えなければなりません。

「お客様にふさわしい金融商品・サービス」を提案しているつもりだったけど、ここまで考えが及んでいなかった！

■　比較説明

　金融商品に限らず、商品は比較したほうが、その特徴などが明確になることがあります。たとえば、スーパーマーケットなどで玉ねぎやジャガイモを購入する際に、その大きさや傷がついていないかなどを比較しながら選んでいる人を見かけることがあります。ひとつだけを見たら、「今日の玉ねぎの大きさはこのようなものか」と思うところ、他の玉ねぎと比べて、「こちらのほうが大きい／小さい」などと思いそれが選定基準となります。また、何度も玉ねぎを購入していれば、「いつもよりも大きい／小さい」「価格が高い／安い」なども理解できます。

　金融商品を購入するときも、比較していただくことでお客様の理解が深まります。その際、投資経験の豊富なお客様であれば、「いつもより」「今までより」といった自分の尺度をお持ちかもしれませんが、投資初心者のお客様の場合、そのような尺度がありません。そのため、営業担当者から、複数の金融資産や複数のファンドを提示することでお客様が比較できるように配慮する必要があります。

運用しながら増やすことを考える場合、株式投資信託のほか、変額個人年金保険や外貨預金などの金融商品もあることをご存知ですか？

　複数の金融資産や複数のファンドを提示すると説明に時間がかかると思われるかもしれませんが、お客様が理解されるまでの時間は短くなるかもしれません。また、納得して申し込んでいただくこともできます。

　先ほどの玉ねぎの例でいうならば、購入した玉ねぎを切ってみたら、少し傷んでいた時の心境です。このとき、自分が吟味に吟味を重ね、他とも比較して選んだ玉ねぎであれば、

悔しい反面、自分で選び抜いたものと思えば納得もできますが、店員から手渡されて自分で選びとっていなければ、「傷のあるものを渡された。あのお店／店員は信用できない」と思う人もいらっしゃるでしょう。投資信託など価格変動のある金融商品は、将来、どのような結果をもたらすのかはわかりません。それならば、お客様にしっかりと比較して、選び抜いていただき、後悔されないようにしたいものです。

■　知識の習得

　お客様にふさわしい金融商品・サービスを提供するために営業担当者は、取扱金融商品の仕組み等に係る理解を深める必要があります。そして、お客様の属性に応じて、金融商品の取引に関する基本的な事項を含めて、情報提供を積極的にすることが求められています。

　「勉強なんてしている時間はない」「もっと手っ取り早く販売したい」といった考えは、顧客本位の業務運営から逸脱した考えであることを認識しなければなりません。十分に説明等をしてもらえないのであれば、お客様はインターネット取引で十分だと考えられるでしょう。

　「リスク性金融商品の販売会社における顧客本位の業務運営のモニタリング結果（2023年6月30日　金融庁）」において、金融庁は、自社で取り扱っているリスク性金融商品の数が多く、営業現場で商品性の理解が十分に進まないため、顧客に対しても最適な商品説明・提案ができていないことや、顧客の総資産を把握したうえで最適な提案を行うため、ライフプランシミュレーションツールを導入したものの、営業現場ではそれを十分に活用していなかったことなどを指摘しています。

　営業店には様々な資料、ツールが揃っているでしょう。しかし、いつの間にか自分が使いやすい資料等ばかりを使って、お客様がわかりやすい資料等という観点で資料を使っていないことがあります。営業店内、あるいは他の支店等の人と日頃どのような資料等を活用しているかの情報交換をすることも大切です。

セールストークを磨くことばかりに意識が向いていませんか？

　営業担当者の中には、投資信託や保険商品の販売に熱心なあまり、どのように説明すれば申し込んでもらえるだろうか、どのように話せば興味を示してくれるだろうかと考える人が少なくありません。販売実績が劇的に伸びる魔法の言葉はありません。「どのように説明すれば」と自分中心に考えるよりも、「お客様が安心して資産形成／資産運用をするためには、どのような商品がよいのだろうか」とお客様中心に考えてみてはいかがでしょうか？

　その際に、商品やサービスを熟知していなければ紹介することはできません。資料等を読み込む作業は地道なものですが、知識があってこその提案力ではないでしょうか。

8　従業員に対する適切な動機づけの枠組み等

原則 7 【従業員に対する適切な動機づけの枠組み等】

　金融事業者は、顧客の最善の利益を追求するための行動、顧客の公正な取扱い、利益相反の適切な管理等を促進するように設計された報酬・業績評価体系、従業員研修その他の適切な動機づけの枠組みや適切なガバナンス体制を整備すべきである。

（注）金融事業者は、各原則（これらに付されている注を含む）に関して実施する内容及び実施しない代わりに講じる代替策の内容について、これらに携わる従業員に周知するとともに、当該従業員の業務を支援・検証するための体制を整備すべきである。

　営業担当者が顧客本位の業務運営を実践するためには、営業担当者の資質も大切ですが、業績評価体系などが「取組方針」に即した行動を促すような内容になっているかなども大切です。

　「リスク性金融商品の販売会社における顧客本位の業務運営のモニタリング結果（2023年6月30日 金融庁）」では、業績評価の課題として次のようなことを指摘しています。

▶　「取組方針」に「グループ総合力をもって顧客のニーズに対応するため銀証で連携

する」旨を掲げているにもかかわらず、銀行営業職員の業績目標にグループ証券会社が紹介顧客から得る個別商品の収益が含まれているため、銀行側から顧客属性やリスク許容度等を十分に把握することなく、グループ証券会社に送客していた。

▶ 「取組方針」で「収益に偏重しない業績評価体系とすることで、顧客本位のコンサルティングを行う」旨を掲げているにもかかわらず、販売手数料の高い外貨建て一時払い保険の販売に係る個人評価のウェイトが高いため、営業現場が当該保険への販売に傾注していた。

＜保険販売に占める外貨建て一時払い保険の割合と業績評価＞

項目	A行	B行	C行
外貨建て一時払い保険の販売割合が高い先			
販売割合	10割弱	10割弱	9割強
業績評価（収益目標）	外貨は円貨の2.5〜4倍	販売手数料	外貨は円貨の3倍

項目	D行	E行	F行
円貨・外貨保険を比較的にバランス良く販売している先			
販売割合	4割強	6割	7割弱
業績評価（収益目標）	円貨・外貨の差無し	円貨・外貨の差無し	設定無し

(注)販売割合は、2022年度上期の保険販売に占める外貨建て一時払い保険の割合
出所：リスク性金融商品の販売会社における顧客本位の業務運営のモニタリング結果(2023年6月30日 金融庁)

> 同じ販売をするのであれば、業績評価の高い商品を販売したほうが、営業店の皆も喜んでくれると思っていた……でも、「お客様が喜んでくれる」ということを忘れていた……。

　営業担当者ごとの情報量に大きな差が出ないように、金融機関では様々な研修体制を構築しています。各営業担当者は、自分の知識・情報量が一定水準を維持できるように学習しなければなりません。

> 以前、担当だったＸさんは本当によく勉強されていて相談にのってもらえていたので、担当がＹさんに代わったとき、実は少し不安でした。でもＹさんもＸさんと同じぐらい色々なことを教えてくれます。このような金融機関であれば安心して長い期間、取引ができます。

　教育・研修を受ける（行う）にあたっては、目的意識をしっかり持つことが大切です。まれに、他の業務が忙しいから、確認テストだけ提出して、研修を受講したことにしておこうなどと、教育・研修そのものが形骸化していることがあります。あるいは、集合研修では久しぶりに同期入社の人と会えることもあり、研修そのものよりも参加者との交流を深めることが第一目的で参加される人もいます。

　一般に研修は、今、習得あるいは復習をしておいて欲しい内容でカリキュラムが組まれており、そこで得た知識等を営業店にフィードバックすることで、営業店の知識の向上につながるという意識を持って臨んでいただきたいと思います。

私が以前から知っていたことだったとしても、今、この知識が金融機関に求められているということを営業店に伝達する役割もあるのね。

Ⅱ 重要情報シートの活用

1 重要情報シートの意義と役割

　顧客本位の業務運営に関する原則5において「複雑又はリスクの高い商品の販売・推奨等を行う場合には、お客様において同種の商品の内容と比較することが容易となるように配意した資料を用いつつ、リスクとリターンの関係など基本的な構造を含め、より分かりやすく丁寧な情報提供がなされるよう工夫すべきである」とされています。この「お客様において同種の商品の内容と比較することが容易となるように配意した資料」が「重要情報シート」です。

　前述（Ⅰ.「6．重要な情報のわかりやすい提供」）の投資信託協会のアンケート調査結果などからもわかるように、現状の銀行等金融機関の説明の仕方では、お客様が金融商品の内容を十分に理解できているとはいえないため、何かしらの工夫や努力が必要といえます。

　今まで通りの説明の仕方では、説明をしていないわけではないものの、お客様が理解されていないことが多いからです。説明責任とは、「一生懸命説明しました」「〇分間かけて説明しました」ということで果たされるものではなく、お客様が理解してはじめて果たされるのです。

説明責任を果たすためにはお客様の理解が不可欠

　重要情報シートは、営業担当者が説明しやすい資料というよりは、お客様が理解を深めるのに有効な資料といえます。

　たとえば、ベテランの営業担当者は、自分の説明方法が確立している傾向があり、重要情報シートに記載された質問例などを挟むと、自分の説明のペースが狂ってしまうと思いがちです。また、知識があるため、簡潔な説明よりも、もっと多くの情報を伝えようとする傾向もあります。しかし、重要情報シートを用いる意義は、簡潔に説明するとともに、商品の比較をし、お客様との対話を促進することです。

重要情報シートを使うことで「上手な説明」というより、「お客様のペースに合った説明」ができるということか！ それは大切かも！ 気が付かないうちに、お客様との対話よりも、自分が説明しやすい方法を考えていた！

　重要情報シートを用いることで、お客様に簡潔な概要説明ができるとともに、商品ありきの販売からの脱却が期待できます。商品比較が容易になるうえ、質問例に、たとえば「費用の安い類似商品があれば教えて欲しい」といったものがあるからです。このような質問を受けて商品比較をしないわけにはいきません。説明している商品の費用が一番低いファンドであったとしても、他の商品と比較して、これが一番低いということをお客様に納得していただく必要があります。

　なお、2023年11月20日に成立した「金融商品取引法等の一部改正」（2023年11月29日公布）において、契約締結前交付書面および契約締結時交付書面、運用報告書のお客様への書面交付義務が電磁的方法を含む情報提供義務に改められました。この改正により、書面を交付することではなく、情報を提供することが重要であることがこれまで以上に明確になったといえます。また、従来、金融商品取引業等に関する内閣府令で規定されていた契約締結前交付書面の記載事項についての適合性の原則を踏まえた説明義務が金融商品取引法で規定されました。施行日は公布の日から1年6か月以内となっていますが、それ以前であっても顧客本位の業務運営を行うためには、情報提供にあたって、お客様の属性に合ったわかりやすい説明が不可欠といえます。

　前述したように、お客様へのわかりやすい情報提供を行う方法として、顧客本位の業務運営に関する原則5において重要情報シートを活用することが推奨されています。なお、「重要情報シート」は、「金融事業者編」と「個別商品編」に区分されています。

投資信託協会のアンケート調査結果を見ると、投資信託を保有しているお客様であっても投資信託に対する理解が思った以上に進んでいなかった。これまでと同じ説明の仕方をしていれば、お客様の理解度もこれまでと変わらない！

重要情報シート金融事業者編には、主に金融商品販売会社の基本情報、取扱商品、商品ラインナップに対する考え方などが記載されています。原則として1社1枚作成し、初回面談時に交付することとされています。交付するタイミングは、金融機関で定められている場合もありますが、たとえば、ニーズ喚起資料等を用いてニーズ喚起を行った後に、金融事業者編を用いて説明することが考えられます。

ニーズ喚起によって、お客様が資産形成の必要性を認識された際に、金融事業者編を提示し、自社の取扱商品で資産形成に適している金融商品を紹介するのです。

取扱商品の箇所には様々な金融商品が列挙されていますが、そのうち自社で取り扱っているものには「○」をつけることになっています。

＜重要情報シート（金融事業者編）イメージ＞

重要情報シート（金融事業者編）　　BKS銀行

1. 当社の基本情報　（当社はお客様に金融商品の販売［又は販売仲介］をする者です）

社名	BKS銀行
登録番号	市ヶ谷財務局長（登金）第1号
加入協会	日本証券業協会
当社の概要を記したウェブサイト	https://www.bks.co.jp/

2. 取扱商品　（当社がお客様に提供できる金融商品の種類は次のとおりです）

預金（投資性なし）	○	預金（投資性あり）	○
国内株式	－	外国株式	－
円建債券	○	外貨建債券	－
特殊な債券（仕組債等）	－	投資信託	○
ラップ口座	－	ETF、ETN	－
REIT	－	その他の上場商品	－
保険（投資リスクなし）	○	保険（投資リスクあり）	○
これら以外の商品	特定贈与信託、暦年贈与信託、年金信託		

3. 商品ラインナップの考え方　（商品選定のコンセプトや留意点は次のとおりです）

- 当行は、地域社会に貢献し共生する基本方針に基づき、お客様の最善の利益を追求し、お客様の資産形成に資することができる商品の選定に努めています。
- お客様のニーズ、目的、経験、知識、資産状況等に照らして最適な商品をご提供すべく多種多様な商品を幅広くラインナップし、随時、拡充・見直しを行っています。
- 幅広い投信会社や保険会社から商品の選定を行い、リスクリターン、コストリターンを意識して商品選定を行っています。

4. 苦情・相談窓口

当行お客様サービス室		0120－000－1111　【受付時間】平日 9:00～17:00
加入協会共通の相談窓口	全国銀行協会相談室	03－1111－0000　【受付時間】平日 9:00～17:00
	証券・金融商品あっせん相談センター（FINMAC）	0120－64－5005　【受付時間】平日 9:00～17:00
上記以外の相談窓口	生命保険協会生命保険相談所	03－3286－2648　【受付時間】平日 9:00～17:00
金融庁金融サービス利用者相談室		0570－016－811 または 03－5251－6811　【受付時間】平日 10:00～17:00

当行では、お客様のライフプランの実現に向けた資産形成を支援するため、収益性が期待できる金融商品として、投資信託や保険商品を取り扱っています。

たとえば、お客様が「長期で使う予定がない資金」とおっしゃった場合、取扱商品の箇所を示し、「それであれば、当行取扱いの金融商品で

＜重要情報シート（金融事業者編）の利用イメージ＞

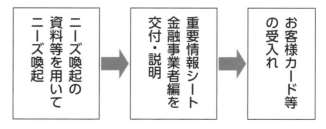

ニーズ喚起の資料等を用いてニーズ喚起　→　重要情報シート金融事業者編を交付・説明　→　お客様カード等の受入れ

ある『円建債券（国債）』『保険（投資リスクなし）』『保険（投資リスクあり）』『投資信託』から選択していただくのが良いかもしれません」と、全体像を見せたうえでお客様に提案することが考えられます。

　このように提案すれば、特定の金融商品ありきの販売から脱却することができます。今まで、特定の金融商品を推奨していた営業担当者にとっては説明しづらくなるかもしれません。しかし、この方法であれば、お客様に金融商品を比較してもらうことができます。

> 「長期で使う予定がないお金」と聞くと、いつも投資信託を提案していたけど、こうしてみると、保険商品や国債もその要件に当てはまる……

　さらに、金融商品の中に預金もあることを示すことで、預金とは異なる金融商品であることを明確にすることができます。保険商品についても「投資リスクあり」のものと「なし」のものがあることを比較して提示すれば、お客様は保険商品にも「投資リスクあり」のものがあることを理解しやすくなります。

> おそらく今、加入されている生命保険は、投資リスクのないものだと思います。しかし、（重要情報シートの該当箇所を指しながら）保険商品にも投資リスクがあるものがあります。お客様が収益性を少しでも求めたいとおっしゃる場合には、当行では投資信託のほか、こちらの投資リスクのある保険商品もご紹介させていただいております。

　このように説明すれば、保険商品を申し込まれたお客様が「投資信託は怖いけど、保険商品だったら安心だと思って申し込んだのに」と後々申し立てられることはないでしょう。お客様が投資リスクがあることを理解したうえで、商品内容の説明を受けているからです。

＜保険商品は投資リスクがないものと思いながら説明を聞いている場合＞

> 為替変動リスク？　でも、これは投資信託ではなく保険商品だから、念のため説明されているだけで、元本割れの心配などしなくてもいいよね？　以前、生命保険に加入したときは、そんな話を聞いていないし。

＜投資リスクがある保険商品と理解して説明を聞いている場合＞

> 為替変動リスク？ そうか、保険商品であっても投資リスクがあるって説明を受けた。以前、加入した生命保険と違って、為替の変動や金利の変動で元本部分が変動するのね。

3　個別商品編の活用

　重要情報シート個別商品編には、「商品等の内容」「リスクと運用実績」「費用」「換金・解約の条件」「金融商品販売会社の利益とお客様の利益が反する可能性」「租税の概要」「その他参考情報（契約締結前交付書面掲載のURL、投資信託説明書（交付目論見書）掲載のURL等）」などが記載されています。これだけを見ると、契約締結前交付書面とあまり変わらないと思われるかもしれません。しかし、重要情報シートは、異なる金融商品も同じフォーマットで簡潔に作成されるため、比較がしやすいといった特徴があります。

　なお、「重要情報シート」を使用した場合でも、契約締結前交付書面や交付目論見書の内容については、

＜重要情報シート（個別商品編）イメージ＞

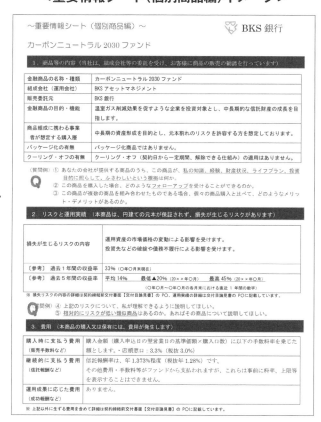

お客様の適合性を踏まえて説明する必要があります。そのため、重要情報シートを用いて説明する際には、商品の詳細な説明を行うというよりは、簡潔な説明をして、お客様が比較しながら商品の絞込みができるようにすることを意識するのがよいでしょう。

　交付するタイミングは、金融事業者編と同じく金融機関で定めている場合もあるでしょうが、ここでは3パターンの使い方を紹介します。

＜パターン１＞

お客様カード等受入れ後（ヒアリングによる入力を含む。以下同じ）、重要情報シート個別商品編を用いて商品の概要等を説明し、銘柄の絞込みを行い、興味を持たれたファンドについて契約締結前交付書面や交付目論見書で説明を行います。

＜重要情報シート（個別商品編）の利用イメージ１＞

お客様カード等の受入れ → 重要情報シート個別商品編を交付・説明 → 契約締結前交付書面・交付目論見書で説明

お客様カード等に記載された投資目的によって、ある程度、提案する商品群が決まります。

たとえば、リスクレベルの度合いで商品群を定めている金融機関がありますが、その商品群に属するファンドのすべてを交付目論見書等により説明するのは、現実的ではありません。いくら複数のファンドを比較することが大切といっても、あれもこれもと詳細に説明されると、お客様はかえって混乱するだけです。

> 為替の変動の影響を受けるのはＡファンドだった？ Ｂファンドだった？ 信託財産留保額という費用がかかるものと、かからないものがあるっていっていたわよね？ 種類が多すぎて、よくわからなくなってきた！

そのため、商品群の中からいくつかのファンドを選び、その重要情報シート個別商品編で特徴を説明し、お客様に適したファンドの絞込みをするのがよいといえます。その際、説明の中心とするファンドを決めて、それと比べて、他のファンドはどこが同じで、どこが違うのかを説明するのがわかりやすいでしょう。

> Ｘ、Ｙ、Ｚのいずれのファンドも株式を投資対象としているのは同じですが、Ｚファンドは外国株式に投資しているため、為替変動リスクを受けます。ＸファンドとＹファンドの違いは運用方針です。Ｘファンドは日経平均株価に連動する運用を目指していますが、Ｙファンドは国内の株式で割安と考えられる銘柄に投資をして、日経平均株価を上回るリターンを目指しています。その結果、運用実績も異なりますし、費用も異なります。

＜パターン２＞

重要情報シート個別商品編の商品の特徴部分だけでは運用方針がわかりづらい場合があります。

たとえば、バランスファンドで、国内外の株式・債券・不動産投資信託を投資対象としている場合、その投資割合なども説明しておきたい事

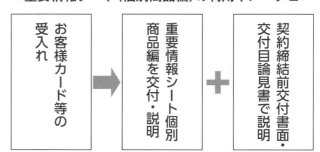

＜重要情報シート（個別商品編）の利用イメージ２＞

お客様カード等の受入れ → 重要情報シート個別商品編を交付・説明 ＋ 契約締結前交付書面・交付目論見書で説明

項です。そのような場合、投資信託説明書（交付目論見書）を併用しながら説明することが考えられます。ただし、この場合、投資信託説明書（交付目論見書）で詳細に説明してしまうと、簡潔な説明ではなくなってしまい、お客様は比較しようとしても、何と何を比較してよいのかわからなくなることがあります。

＜投資信託説明書（交付目論見書）を併用して説明しすぎた場合＞

こちらの X ファンドは、国内外の株式・債券・不動産投資信託に分散投資しています。国内と海外の株式で 50％の投資割合になっていますが、それぞれ、「TOPIX」や「MSCI コクサイ・インデックス」に連動した運用を目指しています。「MSCI コクサイ・インデックス」は、日本を除く先進国の株価動向を示す代表的な指数です。債券への投資割合は国内が 10％、海外が 5％です。これも、それぞれ代表的な指数に連動した運用を目指しています。国内債券の場合、NOMURA―BPI（総合）指数です。

（中略）

Y ファンドは、同じく国内外の株式・債券・不動産投資信託に分散投資しています。

こちらは、株式と不動産投資信託に関しては投信会社が割安と考える銘柄に投資をしており、債券に関しては格付けが A 以上で、かつ高利回りのものを投資対象としています。投資割合は均等とされていますが、ある程度プラスマイナスはあります。

いきなり詳細に説明されても、何が何だかよくわからない。

＜投資信託説明書（交付目論見書）を併用しても説明は概要にとどめた場合＞

Xファンドも Yファンドも、国内外の株式・債券・不動産投資信託に分散投資しているのは同じです。違いは、その割合です。Yファンドは原則均等ですが、Xファンドは株式への投資割合が高くなっています。投資対象の選定方法も違います。Xファンドはその資産の代表的な指標に連動した運用を目指しますが、Yファンドは、指標への連動を目指すというよりも投信会社が、各資産の中で割安と判断した銘柄で運用します。ご関心が高いファンドにつきましては、後ほど、こちらの交付目論見書で詳しく説明させていただきます。

同じところと違うところを簡潔に教えてもらえるとわかりやすい。しかも、あとから交付目論見書でもう一度説明してくれるのであれば、安心して概要の説明だけを聞いていられるね。

＜パターン3＞

3つ目の使い方は、商品の絞込みの際にまず用いて、絞り込んだ商品の説明後、再度、最終確認で用いるというものです。

保険商品でいうと、最終的な意向確認のような感覚です。

お客様は色々な説明を受けた後、もしかすると商品性を間違って認識

＜重要情報シート（個別商品編）の利用イメージ3＞

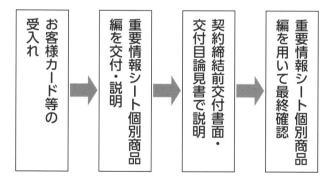

されていることがあります。そのため、最後に重要情報シート個別商品編でお客様に最終チェックしてもらうことが考えられます。

当初Aファンドをご覧いただいていましたが、費用が安いもののほうがよいということで（重要情報シート個別商品編を指しながら）こちらのBファンドを提案させていただきました。この費用の部分を比べていただき、過去の運用実績などもご覧いただきました。Bファンドでお間違いはございませんでしょうか？

こうすれば、お客様に対して丁寧で慎重な提案を行うことができます。

なお、個別商品編の項目のうち「換金・解約の条件」「当金庫の利益とお客様の利益が反する可能性」「租税の概要」「その他参考情報」についての説明がおろそかになる場合があります。

後半部分は普段から説明し慣れていない項目かもしれませんが、営業担当者は説明しやすい部分だけを説明するといったことがないようにしなければなりません。

4 　質問例の活用

個別商品編には、質問例が記載されているのが特徴です。質問例が記載されている意義は、お客様と営業担当者の対話を促進し、お客様の理解をサポートするためです。

営業担当者は、質問例を活用しなくてもお客様との対話は十分にできているとおっしゃるかもしれません。しかし、お客様との対話は、「何かお使いになるご予定はございますか？」「今の金利水準で満足されていらっしゃいますか？」などとニーズ喚起の際にはよくされているものの、商品説明の際には一方的に説明される人が多くいらっしゃいます。

「何がご不明な点はございますか？」といつもお客様には聞いています。

「ご不明な点（質問）はございますか？」と聞かれても、そもそも「わからないところがわからない」ということがあります。そのような状況で、質問がないからといって、お客様は説明事項について理解されたと判断してもよいのでしょうか。このようなお客様にとって、重要情報シートの質問例は、「これは私も聞いておきたいこと」とお客様が確認するのに役立ちます。

たとえば、外貨建ての保険商品の重要情報シート個別商品編の質問例に「目標を達成しなかった場合について説明してほしい」というものがあります。

外貨建ての保険商品には、目標値を設定し、その目標値に達した場合、自動的に円貨で運用成果を確保し、たとえば円建ての終身保険に移行する機能が備わっているものが多数あります。目標値に達しなければ、円建ての終身保険に移行することなく、そのまま外貨建ての状況が続きます（お申し出により円建ての終身保険へ移行できるものもあります）。

商品説明の際に、目標に達した場合の説明はよくするものの、目標に達しなかった場合

の説明が不十分なことがあります。営業担当者からすると、目標に達していないのだから外貨建てのままであるのは当然だと思われるかもしれませんが、投資経験の浅いお客様にとっては、念のため確認しておきたい事項です。しかし、質問例がなければ、営業担当者の説明を聞くことで精いっぱいになって、目標に達しなかった場合のことまで気が回らない、あるいは「どうなるんだろう？」とふと思ったものの、他の説明を聞いているうちに質問するタイミングを逸してしまうことも考えられます。

　あるいは、質問例を見て初めて「本当だ。目標値に達しなかった場合はどうなるんだろう？」と気づかれる方もいらっしゃるかもしれません。

　お客様の理解を促進するためにも対話は必要で、対話のきっかけとして質問例を活用することが大切です。

質問例に「あなたの会社が提供する商品のうち、この商品が、私の知識、経験、財産状況、ライフプラン、投資目的に照らして、ふさわしいという根拠は何か」というものがありました。営業担当者の方がせっかく提案してくださっているのに、「本当にこの商品は私に適しているの？」なんて今まで疑問に思っても聞くことができませんでした。でも、質問例があれば、「念のため、私にふさわしいという根拠を教えてもらえますか」と聞きやすいですね。

Ⅲ お客様の金融リテラシーの向上

1 金融広報中央委員会の金融リテラシー調査

　お客様が安心して資産形成や資産運用に取り組むためには、販売会社を含む金融事業者のあり方とともに、お客様自身の金融リテラシー（お金の知識・判断力）の向上が不可欠です。

　個人、特に若年層の金融取引はインターネット取引が主流になっています。インターネットで検索すると、たしかに様々な情報が出てきますし、チャットGPTなどの生成AIの技術も日々進歩し、情報収集をするためのツールに事欠きません。しかし、その中で何が本当で何が間違った情報なのかの選別は難しく、各金融機関の「投資信託に関する留意事項」を見ても、聞いたことがない言葉が羅列されていて、よくわからない人も多いのではないでしょうか。

　動画のほうがわかりやすいからといって、ユーチューバーのコンテンツを見ることもあるでしょうが、一般のユーチューバーに金融商品取引法の広告規制等は適用されません。そのため、適切なアドバイスをするユーチューバーがいる反面、人によっては、アクセス数を増やす目的で大げさな情報発信をするなど、情報ルートの違いによって偏った情報収集になってしまう可能性があります。

　投資に関する重要な情報を正しく理解することは、適切な投資行動をとるために必須です。たとえば、ドルコスト平均法のメリットがよくわからなければ、マーケットが下がったときに怖くなって解約し、積立をやめてしまうことも考えられます。

```
重要な情報を正しく理解  →  適切な投資行動をとることが可能
```

　金融機関およびその営業担当者は、お客様の金融リテラシーの実態を踏まえ、その実態に即した情報提供を行うことを考えなければなりません。そのヒントとして、金融広報中央委員会が行っている「金融リテラシー調査」があります。これは、18～79歳の30,000人程度を対象にインターネットによりアンケート調査を行っているもので、2016年から3年

おきに実施されています。

> **金融広報中央委員会**
>
> 都道府県金融広報委員会、政府、日本銀行、地方公共団体、民間団体等と協力して、中立・公正な立場から、暮らしに身近な金融に関する幅広い広報活動を行っている機関です。
>
> 今後、委員会の機能は「金融経済教育推進機構」に移管・承継される予定です（「６.金融経済教育推進機構」参照）。

■ 分野別正答率

　金融リテラシー調査は、金融に関する８分野の「金融知識・判断力」に関する正誤問題と、「行動特性・考え方等」といった金融リテラシーに係る設問で構成されています。金融に関する８分野は「家計管理」「生活設計」「金融取引の基本」「金融・経済の基礎」「保険」「ローン・クレジット」「資産形成」「外部知見の活用」です。

　2022年の調査結果を分野別にみると、「生活設計」「金融・経済の基礎」といった根幹の部分の設問に対する正答率が低いことが気になります。生活設計の設問には「老後の生活費や自分や家族の医療・介護費用、子供の結婚費用などに今後いくらかかるか必要額を認識しているか」といったものがあり、「金融・経済の基礎」の設問には、「複利の考え方」や「インフレ」「金利と債券価格の関係」などの設問があります。

＜分野別正答率＞

(%)

	分野	2016年	2019年	2022年
	家計管理	51.0	52.3	50.7
	生活設計	50.4	50.8	49.0
金融知識	金融取引の基本	72.9	74.0	73.3
	金融・経済の基礎	48.8	49.8	49.3
	保険	52.5	54.4	53.4
	ローン・クレジット	53.3	54.4	52.5
	資産形成	54.3	54.8	54.7
	外部知見活用	65.3	65.6	64.8
	合計	55.6	56.6	55.7

出所：金融広報中央委員会の金融リテラシー調査（2022年）より（株）フィナンシャル・ラボ作成

全体の正答率は、年齢層が高くなるほどよくなる傾向があります。2022年4月から高校の家庭科の授業に「資産形成」に関することが取り入れられましたが、社会経験の中で覚える知識もあることから、若年層に対しては、より基本的なことから説明する必要があります。

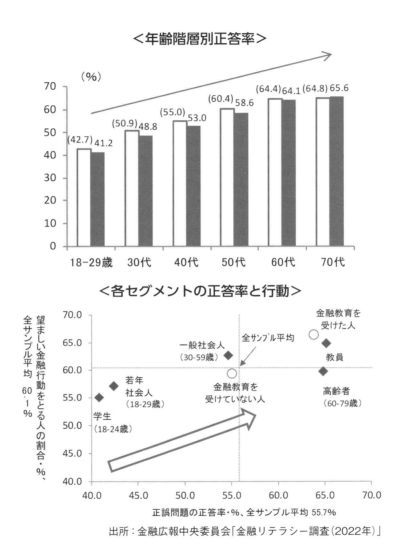

<年齢階層別正答率>

<各セグメントの正答率と行動>

出所：金融広報中央委員会「金融リテラシー調査（2022年）」

なお、生活設計や家計管理などの「金融教育を受けた」と認識している人は、正答率および、資産運用、借入れ等を行うにあたって、他の金融機関や商品と比較するなどの望ましい金融行動をとる人の割合が高くなっています。

金融機関では、お客様に対してこの金融教育（金融リテラシー向上）に関する事項を的確に伝えているでしょうか。金融機関によっては、ニーズ喚起資料として「ライフイベン

トにかかるお金」「リスクとリターンの関係」などが掲載された冊子を用いているところがあります。このような事項をしっかりと説明していた場合、お客様の金融リテラシー向上に努めているといえるかもしれません。しかし、そのような冊子を用いている場合でも、即、金融商品に結び付けるようなノウハウ的な話を中心に進めていることがあります。

ゆとりある夫婦二人の老後生活費は平均で 37.9 万円※といわれています。公的年金だけでは不安が残ると思いますので、公的年金の補完として投資信託や保険商品をご検討されませんか？

投資信託は価格が変動する商品で、元本保証もありません。しかし、このようなリスクと上手に付き合っていく方法があります。それが長期・積立・分散投資です。

※生命保険文化センター「2022（令和 4）年度 生活保障に関する調査」（2023 年 3 月）

　前者の場合、たとえば、お客様が会社員であれば、何歳で退職金をどの程度受け取って、何歳まで働くことができるのか、その際、給与の減額はあるのかなどの収支を考えることが、資産形成にとって大切だという話がされていません。一般論はわかったものの、お客様は自分の家計収支や生活設計についての考え方がよくわからないため、実際どの程度の金額が不足するのかわからないまま営業担当者の商品説明を聞くことになります。

　後者の場合、お客様が「投資におけるリスク」の意味をきちんと理解されていなければ、「長期・積立・分散投資」をすることで、損をしないと思われる可能性があります。日常生活において「リスクがある」という言葉は「危険だ」「損をする」という意味で使っています。しかし、投資の場合は期待収益率に対するブレ幅を意味するということは、教えてもらわなければ、お客様はわからないのではないでしょうか。このような基礎的なことが理解できていない状況で商品の説明を受けても、投資判断をするのは難しいことから、お客様は「あなた（営業担当者）に任せるわ」「このファンドが人気なのであれば、これにするわ」とおっしゃるのかもしれません。

　そのため、営業担当者は、金融知識や経験の少ないお客様に対しては、金融商品の説明だけではなく、金融の基本的な考え方などについても理解していただくように努めることが大切だといえます。

お客様の預り資産に対する「食わず嫌い」

「よくわからないことをして失敗したらどうしよう。やめておこう」という気持ちは、多くの人が持っていることです。

特に年齢が上がるにつれて、その傾向は強くなり、いわゆる好奇心よりも守りの気持ちが勝ることが往々にしてあります。また、これまで預金だけをしていて、特段、不自由を感じたことがなければ、投資信託や（投資リスクのある）保険商品といった申し込んだことがない金融商品には手を出したくないという気持ちになるかもしれません。いわゆる「食わず嫌い」です。

今更、やったことのない金融商品に手を出すのは気がすすまないわ。

お客様が食わず嫌いになってしまう原因のひとつは、営業担当者が商品ありきの提案を行い、何かよくわからないけど、申込みをさせられてしまうという気持ちをお客様に抱かせてしまうからです。投資信託や保険商品の申込みをすれば、その後、どのような変化が訪れるのか、お客様にとって何が利益になるのか、あるいはなぜ申し込んだほうがよいのかといったことの説明ができていないのです。

「まずは話だけでも聞いてください」と営業担当者に頼まれると、お客様は聞いてはくださいますが、「どのタイミングで断ろう」と考えながら聞かれるため、理解しようという気がなく、営業担当者の説明が終わると「考えておきます」とおっしゃるケースが多いのです。

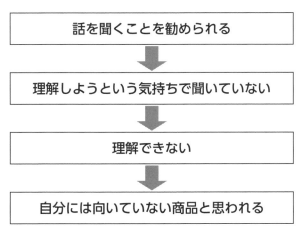

投資信託や保険商品といった金融商品の説明をする前に、まずはお客様に問題提起を行い、それを解決する方法として投資信託や保険商品があることを理解していただくことが大切です。そうしたうえで、投資信託や保険商品のメリットやデメリットを説明し、お客様に必要性があるのかないのかを判断していただくのです。

なお、よく「金利が低いですね」「預金ではお金が増えません」という説明を聞きますが、20年以上も低金利が続いている中、お客様にとって金利が低いのは当然で、そのような説明を受けても、投資信託や保険商品の必要性をあまり感じられない（お客様の心に響かない）かもしれません。

また、インターネット取引の普及等により、金融機関に相談することに慣れていないお客様が増えています。そもそも、金融機関で資産形成の相談ができるとは思っていない人もいらっしゃいます。店舗のレイアウト等にもよりますが、金融機関の個別ブースなどは、特別感がありすぎて、金融機関で相談をしたことのないお客様にとっては敷居が高い場所かもしれません。そのため金融機関の担当者と接する機会があまりないお客様は、資産形成に投資信託や保険商品が役立つことに気づかれていないのかもしれません。

お客様の預り資産に対する「食わず嫌い」の原因は、これまでの金融機関のお客様に対する提案スタイルが理由のひとつといえます。言い換えると、金融機関がお客様に対して、お金にまつわる様々な相談業務を親身に行ってこなかったからかもしれません。また、お客様が金融機関の役割を十分に理解されていないからともいえます。

営業担当者は、「やったことがないものは不安だ」というお客様の気持ちを汲み取るとともに、なぜ、この商品をお客様に提案しようとしているのか、その提案理由をわかりやすく説明することが大切です。また、金融機関の敷居を低くすることも考えていく必要があります。

3　資産所得倍増プラン

2022年11月28日、新しい資本主義実現会議において、資産所得倍増プランが決定されました。このプランでは、企業部門に蓄積された325兆円の現預金を、人・スタートアップ（革新的なビジネスモデルによって社会にイノベーションをもたらす急成長企業）・GX（グリーントランスフォーメーション）・DX（デジタルトランスフォーメーション）といった重要分野への投資につなげ、成長を後押しするとともに、家計に眠る現預金を投資につなげ、家計の勤労所得に加え金融資産所得も増やしていくことが重要であるとしています。

特に、米国・英国と比較した場合、日本の家計金融資産の伸び率が悪く、その原因として、日本の家計金融資産は現預金が過半を占め、欧米と比較して有価証券の占める割合が低いことを挙げています。

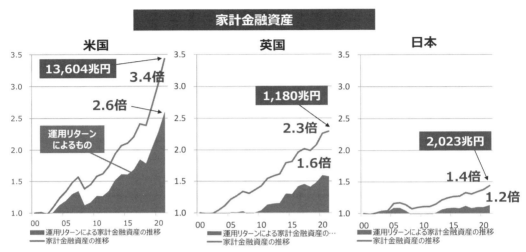

(注) 上記の運用リターンによる資産の伸びは、資産価格の変動による伸びから算出しており、利子や配当の受取りを含まない。
(注) 21年末時点の値。米国、英国については、21年12月末の為替レートにて換算(1ドル＝115.24円、1ポンド＝155.74円)
(出所) FRB、BOE、日本銀行より、金融庁作成

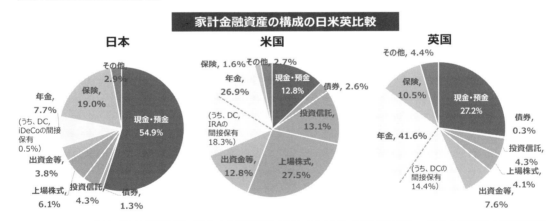

出所：資産所得倍増に関する基礎資料集（令和4年10月 内閣官房 新しい資本主義実現本部事務局）

資産所得倍増プランでは、投資経験者と投資額を2022年6月末時点から倍増することを目標に掲げています。そして、その中核を担うのがNISA制度です。

NISA制度が導入されてから、それまで投資は一部の富裕層が行うものというイメージが強かったのが、デジタル化が進んだこともあり、20歳代30歳代に投資のすそ野が広がってきています。

実際、金融機関においても、従来は退職金を受け取ったお客様や、一定額以上の定期預

金が満期になったお客様に投資信託等の提案をしていたのが、つみたてNISAが導入されてから、積立投資は高齢顧客に適さないこともあり、現役層への提案にシフトしてきている部分があります。

いわゆるこの中間層に対してリターンの大きい資産に投資しやすい環境を整備できれば、家計の金融資産所得が増え、家計の資金が企業の成長投資の原資となり、企業の成長が促進され、企業価値が向上します。そして、企業価値が向上すれば、家計の金融資産所得は更に増え、「成長と資産所得の好循環」が実現します。これを目指したものが資産所得倍増プランといえます。

資産所得倍増プランの実現のため、NISA制度の改正のほか、以下の施策を実施する予定になっています。

- ▶ 加入可能年齢の引上げなどiDeCo制度の改革
- ▶ 消費者に対して中立的で信頼できるアドバイスの提供を促すための仕組みの創設（金融経済教育推進機構の設置（「6．金融経済教育推進機構」参照）
- ▶ 雇用者に対する資産形成の強化
- ▶ 安定的な資産形成の重要性を浸透させていくための金融経済教育の充実
- ▶ 世界に開かれた国際金融センターの実現
- ▶ 顧客本位の業務運営の確保

4 お客様から投資家へ

「お客様」が、自ら資産形成や資産運用を行うためには、いつまでも単なる「お客様」ではいけません。「お客様」は、投資の経験を積むことで、「投資家」に成長し、自らきちんと投資判断ができるようにならなければならないのです。しかし、実態として「お客様」は、いつまでも「お客様」のままで、自分のお金のことであるにもかかわらず、営業担当者任せにされることがあります。その原因のひとつとして、営業担当者からの情報提供が不足していることが挙げられます。

お客様は自分で判断しようとしても、情報の非対称性から、判断するために必要な情報が不足している、あるいは、その情報をどのように判断してよいのかがわからないということがあります。「～のニュースに気をつけてください」といわれても、それに対して、どのような対応をしてよいのかわからないのかもしれません。あるいは、営業担当者（金融機関）に頼まれたので申し込んだのだから、あとのことも営業担当者（金融機関）の責任

だと思われているかもしれません。

　投資の原則に、「適合性の原則」と「自己責任原則」がありますが、自己責任原則が十分に果たされていないのかもしれません。

　自分の言うことを、いつでも聞いてくれるお客様が欲しい営業担当者にとって、お客様が自分で考える投資家になられては不都合かもしれません。自分で考えることのないお客様であれば、営業担当者が勧める金融商品をいうがまま申し込んでいただくことができ、営業担当者の営業成績が上がります。しかし、そのような営業スタイルが、長続きすることはありません。

　営業担当者は、勧誘時、アフターフォロー時に、お客様が自分で判断ができるように必要な情報提供を行っていく必要があります。

　営業担当者に勧められたから何となく投資信託や保険商品に申し込まれた場合、その後の状況にお客様は関心を示されないかもしれません。一方、自分の資産形成の目的達成のためだと明確になっていれば、金融商品にもっと関心を示されるでしょう。

5　金融リテラシー向上のために金融機関ができること

　営業担当者は、商品の提示から入る営業スタイルから脱却する必要があります。商品の提示から入ると、どうしても商品説明に力が入り、お客様にどのように役立つかよりも、商品の良さをアピールしたくなります。

　お客様が不安に思っておられること、あるいは悩んでおられることをお聞きすることから始めるのが大切です。お客様が積極的に発言されない場合には、「一般論として、このようなことに悩んでいる方が多いようですが、お客様はどのようにお考えですか」といった問いかけをして、潜在的なニーズを引き出すのが良いといえます。「1．金融広報中央委員会の金融リテラシー調査」でもみたように、「老後の生活費や自分や家族の医療・介護費用、子供の結婚費用などに今後いくらかかるか必要額を認識しているか」といった問いかけをしてみるのもよいかもしれません。

　お客様の金融リテラシー向上のためには、お客様に資産形成に関心を持っていただくことが大切です。関心があれば、疑問も出てきます。疑問があれば、自ら学習したり、金融機関に問い合わせたりします。その積み重ねが金融リテラシーの向上につながります。

　営業担当者は、お客様に対して、具体的に「～に関するニュースを見ていてください。為替変動の要因といわれています」「～という事柄が起こったので、このような価格変動が起きました」と説明していくことも必要です。投資信託や保険商品を申し込んでもら

　って終わりではなく、申し込んでいただいてから、さらに保有していることが面白くなるように、お客様に対して情報提供を行うことを考えなければならないのです。

　もちろん、お客様の金融リテラシーを高めるだけでなく、営業担当者自身の金融リテラシーを高め続けることも忘れてはいけません。

金融リテラシー向上のために必要なこと

▶ お客様に対して具体的な情報提供を行うこと

▶ お客様に対してわかりやすい説明を行うこと

▶ お客様に資産形成に興味を持っていただけるように努めること

▶ 資産形成を考えることで、お客様のライフプランが実現できる喜びを感じてもらうこと

▶ 潜在的なニーズに気づき、金融機関に相談することがお客様の役に立つと理解していただくこと

お客様の金融リテラシーを高めることができれば、単に商品の話をするだけではなくなるので、お客様との対話も弾み、営業の仕事が楽しくなるかも！

6　金融経済教育推進機構

　これまで、官民による様々な取組みが行われてきていますが、資産形成に関する金融経済教育が国民の隅々まで行き届いているとはいえません。「2022年度投資信託に関するアンケート調査報告書（投資信託協会）」によると、投信保有未経験層の投信非購入理由は、「投資の知識がない」（51.4％）、「興味がない」（35.2％）、「損をしそうで怖い」（27.1％）が上位にあります。また、若年層ほど「投資の仕組みがよくわからない」「なんとなく機会がなかった」といった回答の比率が高くなっているようです。つまり、わからないから購入したくないということです。

　それであれば、まずは知っていただくことが大切です。これは営業の場面でも同じことがいえます。「どのようにすれば、投資信託の説明を聞いてくれるのだろうか」と悩まれる営業担当者がいらっしゃいます。関心がなければ聞きたいと思いません。そして、「自分

に関係がない」「聞いてもどうせわからない」と思うと、そもそも聞く気にならないでしょう。お客様の生活と金融は密接なかかわりがあることを認識していただくところから始めることも考えられます。

　金融庁は金融経済教育が進まない課題として、「中心的な担い手である業界団体は、販売目当てと思われ敬遠されている」ことを挙げています。もちろん、金融機関はボランティアで販売・募集をしているわけではありませんが、あまりにも一方的で、「申し込んでくれますよね」といった見えない圧力をお客様に感じさせてはいないでしょうか。聞いてみたいけど、聞いたら申し込まなければならないのではないかと思うと、金融機関に資産形成の相談をすることに二の足を踏んでしまうのはもっともなことです。そして、敬遠されてしまえば、販売につながる可能性もなくなりますので、結果的に金融機関にとってマイナスです。

> 「販売目当てと思われて敬遠されている」という意見は真摯に受け止めて反省しよう。「お客様のため」といいながら、実態としては、やはり「販売したい」気持ちが強く、言葉と気持ちが矛盾していた。

　それでは、FP（ファイナンシャルプランナー）に相談するのはどうでしょう。FPに相談するのは、金融機関に相談するより敷居が高いかもしれません。そもそもどこに行けば相談に乗ってもらえるのかがわかりません。また、コンサルティング・フィーを支払って資産の相談をするという文化は日本ではまだ根付いていません。

　このような背景を受けて、中立的な立場から金融経済教育を提供する「金融経済教育推進機構」が、「金融サービスの提供及び利用環境の整備等に関する法律」の規定に基づき創設されることになりました（2024年春に創設予定）。

　金融経済教育推進機構は、金融広報中央委員会（事務局：日本銀行）の機能を移管・承継するほか、運営体制の整備や設立・運営経費の確保にあたっては、政府・日銀に加え、全国銀行協会・日本証券業協会等の民間団体からの協力も得るとしています。そして、金融経済教育の教材、コンテンツの作成、学校や企業等への講座の展開、個人に対する個別相談等の業務を行う予定です。

　また、個別相談にあたっては、個人の資産形成を中立的な立場で助言する「アドバイザー」を認定する仕組みを作る予定で、あわせて、つみたてNISAやiDeCoといった安定的な資産形成に資する商品に対象を絞った投資助言業の登録要件の緩和なども検討されてい

ます。

　ある意味、金融機関にとっては、自分たちが資産形成の相談に乗らなければならないのに、気軽に相談ができないので、金融経済教育推進機構が創設されるという状況なのかもしれません。しかし、金融経済教育推進機構によって、金融経済の基礎知識が広く周知されるようになることは悪いことではありません。

＜金融経済教育推進機構のイメージ＞

政府（金融庁）	→ 認可・監督 →	金融経済教育推進機構 [認可法人]
	→ 関連事業を移管 資金・人員を拠出 →	
民間団体	→ 関連事業を移管 資金・人員を拠出 →	
金融広報中央委員会（事務局：日本銀行）	→ 機能を移管・承継 資金・人員を拠出 →	
各都道府県の金融広報委員会		

出所：第24回 金融審議会市場制度ワーキング・グループ
　　　「事務局説明資料（金融庁提出法案について）2023年9月15日」

第2章

顧客の最善の
利益の追求と
説明義務

Ⅰ 金融品取引法等の一部改正

1 金融商品取引法等の一部改正の背景と概要

　デジタル化の進展等の環境変化に対応し、金融サービスの顧客等の利便の向上および保護を図るため「顧客本位の業務運営・金融リテラシー」「企業開示」等に関する制度を整備することを目的に、金融商品取引法等の一部改正が行われました（2023年11月20日成立、同29日公布）。

　このうち、顧客本位の業務運営の状況としては、「顧客本位の業務運営に関する原則」に基づき、お客様の最善の利益の追求等の取組みが進められてきたものの、各金融事業者にはまだ以下のような課題が残っているともに、「原則」を採択していない（方針等を公表していない）、金融事業者も多く存在していることも課題であるとされています。

金融事業者	課題
金融商品の販売会社	リスクがわかりにくく、コストが合理的でない可能性のある商品を十分な説明なく推奨・販売（例：仕組債）
金融商品の運用会社	顧客の利益より販売促進を優先した金融商品の組成・管理
アセットオーナー（企業年金等）	運用の専門家の活用不足、不十分な運用機関の選定プロセス

　このほか、金融商品取引法等が改正された理由としては、「第1章 Ⅲ 3. 資産所得倍増プラン」でも解説したように、成長の果実が家計に分配されるという「資金の好循環」を実現し、家計の安定的な資産形成を図ることも根底にあります。家計に分配という観点から、金融取引を行っているお客様だけでなく、年金加入者の最善の利益も考えるため、誠実かつ公正に業務を遂行すべき旨の義務を、金融事業者のほか企業年金等関係者に対しても幅広く規定しています。

　また、お客様が投資を行うためには適切な情報が不可欠です。その情報提供については、

お客様の属性に応じた説明義務を法定化するとともに、お客様への情報提供としてデジタル技術の活用ができるように規定が整備されました。

　あわせて、国民の金融リテラシーの向上を図るため、政府が金融リテラシーに関する基本方針を策定し、新たに金融経済教育推進機構を設立することとし、国や地方公共団体、事業者が協力・連携して、国民や従業員の資産形成を支援することとしました。

2　顧客本位の業務運営の確保

■　最善の利益を考えた業務運営の確保

　顧客本位の業務運営を確保するための課題への対応として「最善の利益を考えた業務運営の確保」が掲げられています。

　「最善の利益を考えた業務運営の確保」の対象となるのは、販売会社だけではありません。いわゆるインベストメント・チェーンといわれる販売会社や金融商品の運用会社、企業年金等のアセットオーナー等がそれぞれの役割を十分に果たすことで、家計の安定的な資産形成を実現することを求めています。

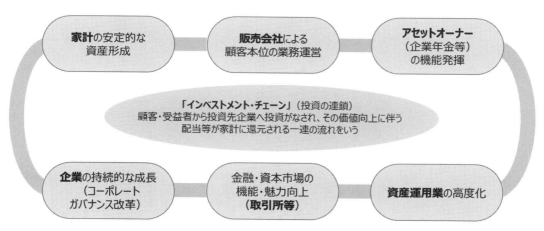

出所：金融庁「資産運用業高度化プログレスレポート2022」2022年 5 月

　販売会社においては、重要情報シートの導入や長期分散投資に向けた積極的な提案など、すでにお客様の最善の利益を確保するための動きが始まっています。しかし課題もあります。

　たとえば、お客様の資産全体を最適化しようという意識の低さです。「ポートフォリオ提案」「コア・サテライト提案」などといった資産を組み合わせた提案が行われているものの、その提案がお客様の資産の一部に対するものにとどまっていることが多いのです。

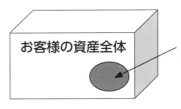

お客様の資産全体

この部分の資産について提案しているだけで、
お客様の資産全体のことを考えていない。

　また、仕組債に代表されるようなリスクがわかりにくく、コストが合理的ではない可能性のある商品が数多く推奨・販売されているのではないかといった懸念もあります。お客様の利益より販売促進を優先した金融商品の組成・管理が行われているのではないかといった指摘もあります。これは、投信会社や保険会社が、販売会社や募集代理店が販売しやすい商品を設計しているのではないかということです。営業担当者が説明しやすいものがお客様の最善の利益になるわけではありません。

　近年、「ESG投資」に対する課題が取り上げられています。ESGとは、Environment（環境）、Social（社会）、Governance（ガバナンス）の、3つの単語の頭文字からなる言葉で、この「環境」「社会」「ガバナンス」の観点から企業を評価して投資先を選定するというのがESG投資です。環境であれば、二酸化炭素の排出量の削減や再生可能エネルギーの使用など、環境問題に対して企業がどのような取組みをしているかが着目点となります。ESG投資の投資信託は以前からありましたが、2015年に「SDGs」が国連で採択されたことをきっかけに注目されるようになり、多くの投信会社でESG投資を掲げた投資信託が設定されました。

　アクティブ運用タイプのESG投信の平均運用管理費用（信託報酬率）は、他のアクティブ運用の投資信託よりも高くなっています。一方、パッシブ運用のESG投信の平均運用管理費用（信託報酬率）は、他のパッシブ運用の投資信託よりも低くなっています。この違いについては、合理的な説明が難しいといえます。また、償還期限として10年以下の期間を設定しているESG投信が全体の37%あり、中長期的な視点が求められるESG投資であるにもかかわらず、償還期限が短いというのは合理的ではないと考えられます。このような商品組成は、お客様の利益を考えたものとはいえないのではないでしょうか。

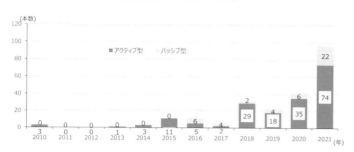

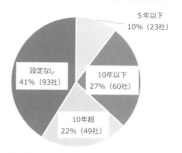

出所：金融庁「資産運用業高度化プログレスレポート2022」2022年5月

　金融庁が公表した「資産運用業高度化プログレスレポート2022（2022年5月）」において、国内株式を投資対象としたアクティブファンドのうち約8割強のファンドは、コスト控除前では一定程度パッシブ投資を上回る運用成果を実現しているものの、その成果がコストに相殺されて、投資家に付加価値を提供できていない可能性があることや、アクティブファンドの運用管理費用（信託報酬）が、同種のアクティブファンド間で横並びになり、見直しがされていないなどの指摘があります。

　アセットオーナーである企業年金等に関しては、DC専用のインデックスファンドについて同一の商品が様々なコストで販売されている状況が指摘されています。最終受益者である加入者の適切な資産形成のためには、運営管理機関は日々の運営業務に加えて、企業が適切な運用商品のラインナップ選択や見直しができるよう支援するとともに、DC加入者に適切な投資教育を行うことも必要です。また、運営管理機関が、企業や加入者に対してDCの商品ラインナップや商品別のコストとリターンについての情報提供や投資教育を行うことは、顧客本位の業務運営の実践となります。

　ここでは企業型DCの視点で述べましたが、iDeCoに置き換えて考えてみると、加入してもらって終わりではなく、やはり金融機関が商品ラインナップに対する様々な情報提供を継続的に行うことが必要と考えられます。

　そういえば、最近、iDeCoの運用商品で運用管理費用（信託報酬）の引下げがあったものがある。HPで告知はしているけど、ご覧になっていない可能性も高いし、運用管理費用（信託報酬）が何のことか忘れてしまっているお客様もいらっしゃるだろうから、改めて案内をすることが大切だ。

■ 顧客への情報提供・アドバイス

　顧客本位の業務運営を確保するための課題への対応として「顧客への情報提供の充実」が掲げられています。

　「金融審議会 市場制度ワーキング・グループ 顧客本位タスクフォース中間報告（2022年12月9日）」では、お客様が適切な金融商品を選択するためには、営業担当者等による適切な情報提供が必要不可欠であり、特に、商品選択において、お客様との利益相反に関する情報が重要であるとしています。この利益相反に関する情報は、「重要情報シート」にも記載されているため、この資料を活用するのが効率的です。

> これまで、利益相反に関する情報が重要という認識がなかった！

　また、「原則」に定められているとおり、名目を問わず、お客様が負担する手数料その他の費用の詳細をお客様が容易に理解できるよう、明確にわかりやすく情報提供することも重要です。当たり前と思われるかもしれませんが、費用の説明において不十分な例がよく見受けられます。たとえば、次のような説明について、どのように思われるでしょうか？

> こちらの投資信託は購入時手数料が税込みで1.1％かかります。また投資信託は保有時に、運用管理費用（信託報酬）が税込みで年1.265％かかり、その他売買委託手数料や監査費用等がかかります。
> 換金する際に、手数料はかかりませんが、0.2％の信託財産留保額が差し引かれます。

　一見、費用の説明をしているように思えます。しかし、何に対して、1.1％や1.265％、0.2％がかかるのかがわかりません。また税込みといわれた場合、多くのお客様は気に留められないと思いますが、よく考えると「何税？」と気にされるお客様がいらっしゃるかもしれません。そして、換金時に手数料はかからないが信託財産留保額が差し引かれるというのは、手数料がかかるということではないのと混乱されることも考えられます。営業担当者にとっては投資信託の費用は熟知していることですが、投資初心者のお客様には、容易に理解できるものではないことを認識していただきたいと思います。

　また、情報提供には、デジタル技術の活用も進められています。これまでも金融商品取引契約を締結する前にお客様から事前の承諾を個別に得ている場合にはデジタル提供が可能とされていました。これが今回の金融商品取引法等の一部改正によって、お客様への契約締結前交付書面および契約締結時交付書面、運用報告書の書面交付義務が、電磁的方法を含む情報提供義務となりました（施行日は改正法の公布日である2023年11月29日から1年6か月以内）。つまり、これら記載事項に係る情報提供は、書面の交付ではなくても構わないということです。

　一般にデジタルツールを活用すると視覚を通じて理解が進むことが考えられます。ただし、デジタルに関する知識や媒体については個人差がありますので、書面での説明のほうがわかりやすいといわれるお客様には、従来通り、書面を用いた説明が求められます。

　ここで大切なのは、書面かデジタルかを選択するのはお客様であって、営業担当者ではないということです。営業担当者がデジタルツールのほうが説明しやすいからといって、書面での交付による説明を求めているお客様に対して書面を用いないことは顧客本位の業務運営の考え方ではありません。

　また、契約締結前の情報提供にあたっての説明は、お客様に理解されるために必要な方法と程度による説明が必要です。

契約締結前等の書面交付義務⇒契約締結前等の情報提供義務

　なお、お客様の資産形成等のため、家計ごとのライフプラン、資産状況、収入等を考慮したうえで、家計管理、資金計画、NISA制度等の税制優遇制度や年金制度、多様化する金融商品・サービスなどについて、気軽に相談し、継続的に良質なアドバイスを受けられる環境を整備することが重要であるとされています。この仕組みの実現のため、認定アドバイザー制度（仮称）の導入が検討されています（第1章.Ⅲ「6.金融経済教育推進機構」参照）。これによって、お客様は家計の安定的な資産形成を実現するための支援を受けることが可能になります。

　このようなアドバイスは、今までも行っています。

資産状況や収入等を考慮することなどは、これまでも各金融機関のルールに基づいて行

われているでしょう。NISA制度を利用した資産形成の提案もできているでしょう。

　十分とはいえないのは「家計ごとのライフプラン」「家計管理」といったことについてではないでしょうか。家計ごとのライフプランについては、以下のような事例があります。

> 退職金は60歳の時に1,500万円ぐらい受け取ることができます。年金は、企業年金もあるので月額20万円ぐらいはあるんじゃないかな？

> 生命保険文化センターのデータによると、夫婦二人でゆとりのある老後生活を過ごすためには、平均で月額37万円程度必要といわれています。そうすると、毎月17万円の不足が生じますので、1年で204万円……退職金の1,500万円も7年ちょっとで使い切ってしまうことになります。もちろん、現在の貯蓄もおありだと思いますが、やはりお金に働いてもらうことは大切です。

　この提案では、データを使いながら分析し、現在の貯蓄のことも考慮しながら、資産運用の必要性を訴えています。しかし、実際のデータは相談者の収入だけで、「家計支出」についてはお聞きしていないことから、支出面は「夫婦二人でゆとりのある老後の生活」の一般的なデータを用いています（収入は一人分、支出は二人分で説明しています）。このような提案がしばしば見受けられますが、これでは、真にお客様の立場に立ったアドバイスができているとはいえません。

3　金融サービスの提供及び利用環境の整備等に関する法律

　金融サービスの提供に関する法律の名称が「金融サービスの提供及び利用環境の整備等に関する法律」に改められました（金融商品取引法等の一部改正の公布日である2023年11月29日から3か月以内に改名）。この法律は、もともとは、金融商品販売法（正式名称：金融商品の販売等に関する法律）が改名されたものです。

　金融商品取引法の適用対象である金融商品には、一般の預金や一般の保険商品などは含まれていません。一方、金融サービスの提供及び利用環境の整備等に関する法律は、幅広い金融商品を規制の適用対象としており、金融サービスの提供等を受けるお客様の保護等を図り、お客様が安心して資産形成、資産管理ができるようにすることを目的としています。

　また、前述の「金融経済教育推進機構」の設立に関しても、この「金融サービスの提供及び利用環境の整備等に関する法律」で規定されています。

目的

　この法律は、金融サービスの提供等に係る業務を行う者の職責を明らかにするとともに、金融商品販売業者等が金融商品の販売等に際し顧客に対して説明をすべき事項その他の金融商品の販売等に関する事項を定めること、金融サービス仲介業を行う者について登録制度を実施し、その業務の健全かつ適切な運営を確保すること並びに国民の安定的な資産形成及び適切な資産管理を促進するための基本的事項を定めること等により、金融サービスの提供等を受ける顧客等の保護及び金融サービスの利用環境の整備等を図り、もって国民経済の健全な発展に資することを目的とすることとする。

（金融サービスの提供及び利用環境の整備等に関する法律第 1 条関係）

　金融商品取引法で規定されていた「誠実公正義務」の規定を、より幅広い金融商品に適用するため、この規定を金融商品取引法から削除し、金融サービスの提供及び利用環境の整備等に関する法律に規定することになりました（施行日は公布日である 2023 年 11 月 29 日から 1 年以内）。なお、その規定では「金融サービスの提供等に係る業務を行う者は、お客様の最善の利益を勘案しつつ、誠実かつ公正に業務を遂行すべき」とされ、これまで顧客本位の業務運営の原則で掲げられていた「お客様の最善の利益」に関する事項が法律で規定されることになりました。

＜顧客本位の業務運営に関する原則 2：顧客の最善の利益の追求＞

　金融事業者は、高度の専門性と職業倫理を保持し、顧客に対して誠実・公正に業務を行い、顧客の最善の利益を図るべきである。金融事業者は、こうした業務運営が企業文化として定着するよう努めるべきである。

　この原則の「顧客に対して誠実・公正に業務を行い、顧客の最善の利益を図るべき」という内容と、法律の誠実公正義務の規定が同様の内容になったんだ！

顧客等の最善の利益を勘案しつつ、誠実かつ公正に業務を遂行すべき義務

　金融サービスを提供する事業者及び企業年金等の実施者に対して、横断的に、顧客等の最善の利益を勘案しつつ、顧客等に対して誠実かつ公正に業務を遂行する義務を新設することとする。

（金融サービスの提供及び利用環境の整備等に関する法律第2条、第24条関係）

Ⅱ 顧客の最善の利益と誠実公正義務

1 顧客本位と顧客満足

　「顧客本位」と「顧客満足」は異なります。顧客本位は、顧客満足を含みますが、顧客満足は必ずしも顧客本位と一致するとは限りません。

　たとえば、一人暮らしの高齢者が必要もない高級羽毛布団を何組も買わされてしまったということがあったとします。当事者である高齢者以外は、それは高齢者の善意に付け込んだ悪徳商法ではないかと疑います。高齢者のことを考えた、つまり顧客本位の営業とはいえないからです。しかし、当事者である高齢者は、販売に来られた人の役に立てて嬉しいとおっしゃることがあります。購入したことに満足しているのです。このような場合、周囲の人が、「騙されているんだ」「こんなに高級羽毛布団を買って、どうするんだ」といっても、当事者である高齢者は、「私の意思で買ったんだ。別にほかにお金を使う予定もないんだから、販売に来られた人が喜んでくれるならそれでいいじゃないか」とおっしゃったりします。

　金融商品の販売においても、ここまで悪徳商法的なものではなくても、本質的に、顧客本位ではなく、顧客満足に軸足を置いた事例が見受けられます。

　たとえば、資産形成に興味があるといわれたお客様に対して、「当行では月額5,000円から投信積立を行うことができます」と案内することがあります。契約のハードルが下がることでお客様は、「それならできそうだ」と契約されたとしても、その積立金額がお客様にふさわしい金額であったのかどうかは疑問です。つまり、お客様が「それならできそうだ」と満足されたものの、それがお客様のライフプランを達成するためにふさわしい金額の提案であったのかというということです。お客様の最善の利益を考えるのであれば、まず、月額5,000円の積立がたとえばお客様の将来の年金に対する不安を解消するのにふさわしい金額であるかなどを確認すべきでしょう。

お客様が希望される金額をX年間の積立で準備するには、年率2％で運用できたとして、月額25,000円程度の積立が必要です。当行では、最低5,000円からの積立が可能ですが、お客様の目標達成のためには、月額25,000円以上の積立、あるいは年間30万円から40万円程度の積立になるよう、ボーナス月等に増額することなどを考えてみられてはいかがでしょうか？

　ハイイールド債で運用する投資信託で、毎月の分配金が他の投資信託よりも多く支払われるものがあったとします。お客様は投資初心者で、毎月、たくさんの分配金を受け取ることができるのであれば、その投資信託が良いと思って購入され、実際に分配金を受け取り、満足されているとします。しかし、その投資信託は、何年にもわたって各期の収益を超える分配金の支払いをしていたとすると、お客様にとって、その投資信託は本当に良い商品であったのか疑わしいといえます。また、お客様が、ハイイールド債のリスクをよく理解されないまま購入され、その後、大幅に基準価額が下がったとすると、お客様のご要望で購入に至ったとしても、営業担当者（販売会社）に責任がないとはいえません。

　お客様が喜んでおられるなら、別に問題がないだろうというのは、顧客本位の考え方ではありません。

お客様が満足されていても、顧客本位の営業とはいえないことがある

　顧客本位の営業を行った場合、一般に顧客満足度も高まります。上述したハイイールド債で運用する投資信託の場合で考えてみます。

分配金をたくさん受け取りたいから、このハイイールド債で運用する投資信託が良いと思っているんだ。

分配金は何かお使いになるご予定がございますか？

特に使う予定はないよ。でも、分配金をたくさんもらえるなら、そのほうが得だし、良いじゃないか。

　このあと、営業担当者が、分配金の仕組みを説明し、また、ハイイールド債は格付けの低い債券での運用であることから価格変動が大きい旨等の説明をしたところ、お客様は毎月分配型の投資信託ではなく、年1回決算で、リスクがもう少し低い投資信託を選択されました。

> 分配金を受け取っていたら、得だと思っていたよ。きちんと説明をしてくれてありがとう。よくわかったよ。

　この場合、お客様は「分配金をもらって嬉しい」といった満足感を達成することはできませんが、「よくわからないまま、リスクの高い投資信託を購入しなくてよかった」という満足感を得ることができます。さらに、「自分に適したファンドを教えてもらえた」「親切な営業担当者と出会えてよかった」と思っていただけるかもしれません。このように、お客様のご要望通りの対応をしなくても、顧客本位の営業は実践できるのです。
　しかし、営業担当者が自分の考えに自信がなく、「お客様のご要望に反するようなことをいったら顧客満足度が下がってしまう」「せっかくお客様が購入を検討してくださっているのに、契約が取れなくなってしまう」と思ってしまうと、顧客本位の営業ができなくなります。

> お客様がいいといっているんだから契約しちゃえよ。
> 今月、獲得件数が少ないだろう？

> お客様が納得できるような説明なんてできないんだから、説明してもしなくても一緒だよ。

> 顧客本位で考えないとだめよ！

> お客様の要望をもっと深く聞いてみることが大切！

　顧客本位の業務運営を実践し、お客様の利益を最優先することを徹底することで、顧客

本位と顧客満足の両立を図ることができます。このことは、販売姿勢にとどまらず、投資信託や保険商品の手数料のあり方、投信会社や保険会社が商品を組成する際などにも求められています。もっとコストパフォーマンスが良くて、わかりやすい金融商品であれば、お客様は金利の低い預貯金に我慢せず、投資信託などにもっと興味を持たれると考えられるからです。

> お客様が望まなかったから投資信託や保険商品の勧誘をしなかったというのも、顧客本位の営業とはいえません。投資信託は嫌いだといわれるのと、投資信託を申し込む必要性がないといわれるのは、別問題として捉える必要があります。お客様にとって、資金を増やすチャンスがなくても大丈夫なのか、また、資産の状況からみて、投資信託や保険商品を申し込むのに無理があるのかどうかなどを金融のプロとしてアドバイスする必要があります。
>
> また、営業担当者が投資信託等の勧誘をしたくなかったため、「お客様は投資信託や保険商品を望んでいない」「お客様の要望で勧誘しなかった」ということにしているのであれば、本末転倒の行為といえます。

2　提案力とゴールベース・アプローチの考え方

　ゴールベース・アプローチ（ゴールベース資産管理）は、1990年代半ばからアメリカで普及し始めた考え方です。「ゴール」とは、お客様やそのご家族の人生の課題や目標、ニーズなどの総称です。

　たとえば、お客様がお子様の大学の進学資金として、300万円を準備したいと考えていらっしゃるとします。期間は10年あるとします。このとき、どのようなアドバイスをしますか。NISAを利用して積立で資産形成することを提案する営業担当者が多いと思われます。間違いではありませんが、教育資金300万円というゴールにたどり着く道はひとつではありません。

　運用利回りが0%程度であっても、10年間の積立期間があるのであれば、月額2.5万円の積立定期預金で300万円の目標を達成することができます。お客様が月額2万円ぐらいで何とかならないかとおっしゃるのであれば、投資信託での運用が考えられます。しかし、積立期間を13年に延ばすことができるのであれば、月額2万円の積立定期預金で300万円

のゴールに到達できます。大学の進学資金といっても、10年後に300万円の全額が必要とは限りません。積立期間を延ばすという選択もあるわけです。また、目標金額を下げて、足りない部分は奨学金等を利用するなどの方法もあります。

　しかし、お客様が、月額2.5万円の積立は可能だけど、ある程度リスクを取ってもいいから、300万円をなるべく早く準備したいとおっしゃるのであれば、つみたてNISAを利用した積立投資による準備が適しているかもしれません。あるいは、その折衷案という考えもあります。

教育資金300万円！

リスクを取らずに月額2.5万円の積立コース

リスクを取らずに、期間を延ばして積立するコース

今ある貯蓄を取り崩すことを前提に積立金額を減らして貯めるコース

リスクを取って、早く300万円を準備しようとするコース

リスクを取って、積立金額を減らして準備しようとするコース

リスクを取る部分と取らない部分に分けながら目標金額に近づけるコース

　しかし、多くの営業担当者は、「リスクを取るより、月額2.5万円の積立定期を頑張ろう」「月額2.5万円は無理なので、目標額を減らして、今ある貯蓄を取り崩そう」といったお客様の選択肢は考慮せず、教育資金というゴールを決めた瞬間に、投資信託ありきになっていることがあります。これでは、ゴールベース・アプローチとはいえません。

　ゴール達成の手段はひとつではないのに、いつも「NISAを活用した積立投資」だけを提案していた……

　そして、お客様がNISAを利用して積立をすると決めた後は、どのような商品を選択して説明しているでしょうか。

お客様カード等を参考にして、お客様の投資目的に合致した商品群から具体的なファンドを選択して説明していると思われますが、この段階においてもお客様のゴールを意識することが大切です。投資信託は元本保証のない商品ですので、実際、運用して何年後に300万円に到達できるかはわかりません。また、積立している途中に大きく下落して、お客様が不安に思われることもあります。そのため、必要以上にリスクの大きい商品を選択することはお客様に適さないことがよくあります。

　たとえば、シミュレーションツール等を活用して「月額2.5万円を年率3％、1年複利で運用した場合、8年10か月で目標の300万円に到達します※。5％では、8年2か月となります。過去の実績を踏まえて年率5％の収益率が期待できるファンドを選択されますか？ それとも、8か月程度の差であれば、過去の実績で少しでもリスクが少ないほうのファンドを選択されますか？」と商品選択の際にも、お客様のリスク許容度とともに、ゴールがどこにあるのかを示すことが大切です。なお、ここでは便宜上、年間の収益率を一定としていますが、価格が変動する商品で、8年以上の間、毎年、同じ収益率で運用できることはない旨を必ず説明する必要があります。

※金融庁「資産運用シミュレーション」を活用して算出
　https://www.fsa.go.jp/policy/nisa2/moneyplan_sim/index.html

シミュレーションツールでは、便宜上、年間の収益率を3％とか、5％とか一定にして計算しますが、価格変動のある投資信託で、毎年、同じ率で資産が増えるということはありません。損失が発生する年もあるということを忘れないでください。

実際には、毎年、継続的に3％や5％で運用することはできません。損失が発生する年もあります。ただ、過去の運用実績からみて、変動幅が大きな投資信託を選択したほうがいいのか、それとも、変動幅が小さい投資信託で十分なのかを考える際の参考にしていただきたいと思います。

　資産形成の様々な方法を一緒に考える姿勢が提案力ともいえます。提案力というのは「これを説明すればよい」といったピンポイントのものではなく、もっと幅広く、様々なことを仮定して説明できる力といえます。

提案力とは、幅広く、様々なことを仮定して説明できる力

　もし、運用予定期間に達していなくても、ゴールと考えていた300万円まで資産が増えた場合には、換金について考えて欲しいことを伝えたいものです。

　投資信託は価格が変動する商品です。運用予定期間が10年あるからといって、10年にこだわったばかりに、途中まで順調に増えていたものが、10年後に大きく下落する可能性はゼロではありません。営業担当者は、そのことも踏まえながらアフターフォローをする必要があります。

<＜ゴールベース・アプローチのプロセス例＞>

①ゴールの設定	**②実現シナリオの設定**	**③商品・銘柄選択**	**④アフターフォロー**
何のためのお金が、いつどの程度必要か	運用方針・期待収益率・期間等	実現するための手段を考える	ゴールに変化はないか、達成度合など

　お客様のゴールを考えた場合、勧誘時だけでなく、アフターフォローの際にも、アドバイスを行う必要があるのね！

3 社会保障制度などを踏まえた提案

　社会保障制度などを踏まえた提案は、顧客本位の業務運営を実践するうえで欠かせません。なぜならば、社会保障制度を考慮しなければ、お客様の本当の必要保障額がわからず、資産形成を行うにしてもゴールの設定ができないからです。

　たとえば、年の離れたご夫婦がいらっしゃったとします。夫は65歳で、現在、再雇用制度を活用して民間企業で働いていますが、今年いっぱいで退職する予定です。妻A子さんは52歳でパート勤務をされています。このような時、A子さんから以下のような話を聞いたとすると、どのようなアドバイスが考えられますか。

夫とは年が離れているから、夫に万一のことがあった場合の生活資金のことが心配です。だから、夫が退職するのを機に私は今更だけど、正社員になって、お金をもっと貯めることを考えたほうがいいのかなと思っているんです。でも、お互いが元気なうちに二人で楽しく過ごすのも大切だと姉にいわれています。

　「夫に万一のことがあると心配」と聞いた瞬間、それならば生命保険に加入するのがよいと思われる営業担当者がいらっしゃるかもしれません。あるいは、「お金をもっと貯めることを考えたほうがいいのかな」という言葉に反応して、「お金にも働いてもらいましょう。運用が必要です」と思われる営業担当者がいらっしゃるかもしれません。

　しかし、社会保障制度として遺族年金の知識があればどうでしょうか。夫は民間企業に勤めているということですので、厚生年金第2号被保険者でしょう。妻に遺族基礎年金の受給資格がある可能性は極めて低いと考えられますが（遺族基礎年金の受給対象者は、子または子のある配偶者であり、この場合の「子」とは18歳になった年度の3月31日まで、または20歳未満で障害年金の障害等級1級または2級の状態にある子を指します）、遺族厚生年金の受給資格がある可能性は高いと考えられます（夫が厚生年金の加入者または受給者である場合、夫の死亡により、子の有無に関わらず、妻の前年の収入が850万円未満であるといった収入要件を満たせば、遺族厚生年金の受給対象者になります）。

　遺族厚生年金の年金額は、死亡した方の老齢厚生年金の報酬比例部分の4分の3の額になると同時に、万一、妻が40歳から65歳になるまでに夫が亡くなった場合には、一定の要件を満たせば受給する遺族厚生年金に、妻が40歳から65歳になるまでの間、中高齢の寡婦加算（2023年度価格で、年額596,300円）が加算されます。

　A子さんは、この制度についてご存知のうえで心配されていらっしゃるのでしょうか。夫に万一のことがあっても、自らのパート収入だけになるわけではないことを含めて、A子さんにアドバイスするのが適当です。お客様を過度に不安がらせて金融商品に興味を持ってもらおうとするのはフェアではありません。

> 配偶者の方に万一のことがあった場合、たちまち収入がなくなってしまうというわけではありません。一定の要件はありますが、Ａ子様は、遺族厚生年金や中高齢寡婦加算の受給対象者になるのではないでしょうか？ その場合、現在のパート収入を含めて考えると、贅沢はできないかもしれませんが、生活が急に苦しくなるということはないかもしれません。一度、ご確認されてはいかがでしょうか。

　社会保障制度だけでなく、生命保険加入の有無も聞いておきたいものです。加入されている生命保険で必要保障額に足りているのであれば、新たに生命保険に加入する必要はありません。もし必要保障額に足りていないようであれば、夫の年齢から考えると、通常の生命保険に加入すると保険料が高くなる可能性が高いので、外貨建てや変額タイプの一時払い保険で増やして遺すことを考えていただくことなどがお客様の役に立ちそうです。

　また、社会保障制度に絞ってアドバイスをするのであれば、夫の退職後、Ａ子さんの国民年金保険料の支払いについて考えているのかということがあります。おそらくＡ子さんは現在第３号被保険者でしょう。その場合、夫の退職後、自身が第２号被保険者にならないのであれば、第１号被保険者への変更手続きが必要となり、60歳まで※国民年金保険料の納付義務が発生します。国民年金保険料の金額は2023年度価格で１か月あたり16,250円です。

　※厚生労働省社会保障審議会年金部会において、基礎年金の保険料拠出期間を40年から45年に延長した場合についての検討が始められました。今後、国民年金の加入年齢は20歳以上65歳未満になる可能性があります。

　健康保険についても、夫が任意継続を選択しなかった、あるいは子などの家族の健康保険の被扶養者にならなかった場合、国民健康保険に加入することとなり、世帯合算で保険料を負担することになります。

　もしも、これらの資金について考えていらっしゃらなかったとすれば、その負担部分についての資産運用の必要性をアドバイスできるかもしれません。

　お客様の生活の基盤は社会保障制度の上に成り立っています。その基盤を無視して様々な商品を提案しても、お客様の現実とギャップが生じるため顧客本位の業務運営を実践したとはいえません。仮に、お客様が営業担当者の提案通りに保険に加入したり、投資信託を申し込まれたりしたとしても、お金について困るポイントが実際とは異なっていたら、「親切に対応してくれたけど、この商品を販売したかっただけなんだ」「親切に対応してく

れたけど、何だかピント外れな商品を購入させられたみたいだな」と後から思われるかもしれません。

　よくお客様の立場にたって提案するといいますが、それはお客様の心情に寄り添うだけでなく、お客様が利用できる社会保障制度にも寄り添わなければならないのです。

> **お客様の生活の基盤は社会保障制度の上に成り立っています**

4　顧客本位の業務運営を実践しているとはいえない投資勧誘の事例

　顧客本位の業務運営を実践しているとはいえない投資勧誘の事例を見てみます。ここでは、まったく悪気がなく、いわば慣習的に行っていることが、実は顧客本位とはいえない行為に該当してしまうおそれがあることに留意していただきたいと思います。

■　訪問しやすい（あまり細かなことを言わない）お客様のところばかり訪問

　訪問しやすいと思っているお客様はどのようなお客様でしょうか。このお客様とは相性が悪いと勝手に決めつけて訪問していないとすれば、それは営業担当者の責務を果たしていないといえます。お客様は営業担当者の個人的なお客様ではなく、金融機関のお客様です。営業担当者の好き嫌いなどで、お客様へのサービスに差があってはなりません。

　すでに投資信託を保有されているお客様のところばかりを訪問し、新規開拓を行わない営業担当者もいらっしゃいます。すでに投資信託を保有されているお客様は、アフターフォローの業務もあることから定期的に連絡を取っているお客様であり、成約するかどうかは別にしても営業担当者の話に耳を傾けてくれる可能性の高いお客様です。特に、保有されている投資信託に評価益が発生しているお客様は、訪問や電話でのアプローチがしやすいのは当然です。

　投資信託等に興味のないお客様に、投資信託等の必要性をわかってもらうことは、時間がかかり（今日の成約にはならず）、聞いていただくための工夫も必要で、労力もかかります。しかし、断られるのが嫌で、アプローチしやすいお客様のところにばかり訪問するというのは、顧客本位の営業姿勢とはいえません。

■　「定期預金が満期を迎えるお客様」「普通預金に滞留資金のあるお客様」だけに提案

　多くの金融機関では、定期預金が満期になる、あるいは普通預金に一定以上の滞留資金

があるお客様をリストアップし※、電話セールスなどを行っています。そのため、投資信託等の提案を、リストアップされたお客様に対して行うことに疑問を感じていないかもしれません。

　※保険募集の場合、非公開金融情報についての同意を得ていないものは、リストアップすること自体、保険募集行為の一環とみなされますので行うことはできません。

　しかし、お客様が投資信託等について考えてみようとするタイミングは、定期預金の満期のときだけではありません。積立投資をされる場合、まとまった満期資金の有無は関係ありません。

　また、自社で満期資金がなくても他社の満期資金をどうすればよいかと考えているお客様もいらっしゃいます。

　普通預金に滞留資金があるお客様についても、継続的にアプローチをしているというよりも、リストにあったから、あるいは定期預金の満期のお客様へのアプローチだけでは目標の達成ができないという理由からリストアップし、投資信託等の提案をしていることが多いのではないでしょうか。

　たしかに定期預金が満期のときは、お客様も、お金について考えるきっかけになりやすいとはいえますが、お客様が提案を受けたい時期というより、営業担当者が提案しやすい時期、つまり、営業担当者が満期資金等を何かに振り替えたいと思っているときであり、顧客本位の営業とはいえないことに留意する必要があります。

定期預金の満期前は、いつも電話が架かってきて「資産形成は大切なので、一度話を聞いてください」といわれるけど、忙しくてそのまま自動継続にしていたら、翌月はもう連絡がない。翌月になったら、もう資産形成する必要はなくなるの？ しかも、１年前も同じことがあった。結局、定期預金の満期資金で何かに申し込んで欲しいだけなんだな。

■　特定の商品ありきの提案

　取扱商品が多岐にわたると、すべての金融商品を詳細に理解するのができないためか、特定の金融商品ばかり提案する営業担当者がいます。

　たとえば、投信会社や保険会社の勉強会で学習した金融商品は、当該会社の研修講師からセールスポイントなどを教えてもらえることが多いため、お客様に説明しやすい商品に

なることがよくあります。また、商品説明は、数をこなせばこなすほど、うまくなることから、同じ金融商品の説明ばかりしているうちに、その商品についてはわかりやすく説明することができるようになり、その結果、次のようなことが生じます。

▶ 他の金融商品・銘柄は、うまく説明ができないので説明することを避けてしまう。
▶ 他の金融商品・銘柄よりも、うまく説明ができる金融商品は、お客様にとってもわかりやすく、成約に至りやすい（その結果、その営業担当者はいつも同じ金融商品ばかり販売する）。
▶ 商品に関する勉強会を開催してもらえないと商品説明ができない（自分で商品のポイントを考えなくなる）。

　最後の、自分で商品のポイントを考えなくなるということは、その商品の良さを理解せずにお客様に提案することにつながります。他人の話法をそのまま使っているだけでは、お客様に、その商品の本当の良さは伝わりません。そもそも商品の良さがわかっていない営業担当者から、その商品を購入したいとお客様は思われるでしょうか。

　忙しいからといって、自分で学習することを怠り、楽な方法で販売したいと思うのは、顧客本位の営業姿勢とはいえません。うまく説明ができる商品が「手数料の高い商品」であった場合、営業担当者や営業店、金融機関の成績のための販売と指摘されても仕方がありません。

　勉強会が開催されてセールストークを習得したから案内する、あるいはキャンペーン等があるから案内するというのも、お客様からすると、提案される商品がコロコロ変わり、どれが本当に自分にふさわしい商品であるのかがわからなくなります。

  今月は、保険商品よりも投資信託を推進するように（上司に）いわれた。
ようし！　投信販売、頑張るぞ！！

　お客様によっては、先月までは保険商品を提案されていたのに、今月は急に投資信託の提案に変わっているということが起こり得ます。

　金融機関で複数の取扱商品があるにも関わらず、営業担当者あるいはその支店、その金融機関によっては、いつも同じ投資信託や保険商品の勧誘ばかりしていることがあります。これは、お客様に「定期預金の金利が低い」といわれたら、この投資信託（銘柄）、「しばらく使わない資金」といわれたら、この保険商品を勧誘するとアタマから決めてかかっているためともいえます。

　営業担当者から、「投資信託や保険の話をしていて、うまく切り返しができない」ということをよく聞きます。しかし、「切り返したい」と思うこと自体、お客様の意向（顧客本位）というよりも、営業担当者の意向に基づく（金融機関本位の）行為ではないでしょうか？

　お客様が預り資産の提案をお断りになる理由として、自分には必要がない商品と思っていらっしゃることが往々にしてあります。そのため、まず「預り資産の必要性の有無を一緒に考える」といったプロセスを大切にする必要があります。

| お客様の属性把握・情報収集 | 預り資産の必要性の有無 | 気づき | 商品提案 |

この部分が欠落してしまうと、商品ありきの提案に陥りやすいといえます。

■　お客様が NO といいにくい質問の仕方をする

　たとえば、「もう少し預金金利が高かったらいいですね」と営業担当者にいわれた場合、多くのお客様は「そうね」という反応をされるのではないでしょうか。「預金金利なんて低くていいんだよ」とおっしゃるお客様はあまりいらっしゃらないでしょう。そして、お客様が反論されなかったことを曲解して、「金利にご不満であれば、投資信託等で増やすのがいいと思います」といわれることがあります。

> 金利に不満があるなんて一言もいった覚えはない……ちょっと「そうね」といってみただけなのに。

　「物価が上昇して困りますね」と営業担当者にいわれた場合も、多くのお客様は「そうね」という反応をされると思います。そして、やはり「預金だけではインフレリスクに対応することができません。投資信託等も考えたほうがいいと思いませんか？」といわれ、

お客様は何となく断りにくい雰囲気の中、説明を聞かなければならなくなることがあります。

　これらは、あまりにも「投資信託推し」で話をしており、それは営業担当者が説明を聞いて欲しいため、自分に都合のよい返事をしてもらえる質問しかしていないといえます。これでは、お客様の真のニーズを理解することはできません。

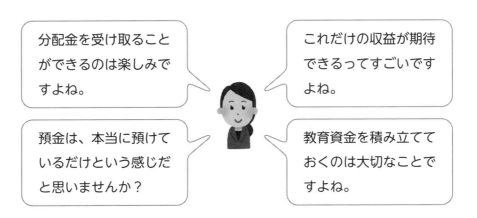

⇒お客様のニーズを伺っているというよりも、説明を聞いてほしいという圧力が強すぎます。

■　投信積立（NISA を利用した積立投資）しか提案しない

　たとえば、定期預金の満期資金等について、運用相談をされた場合に、「長期・積立・分散投資」の観点から、投信積立の提案をされることがあります。投信積立自体は悪いことではありませんが、お客様は、現在の、まとまった満期資金についてどうすればよいのかと悩んでいらっしゃることへの、回答にはなっていません。

　リスクの軽減ができるからといって、投信積立ばかり提案するのは、もしかすると、営業担当者自身が、販売に係るリスクを負いたくないと考えているからではないでしょうか。

 500 万円の定期預金の満期があったので、担当の方に相談したら、NISA を利用した毎月 1 万円の投信積立を勧められた。時間分散がリスクの軽減のポイントだということはわかったけど、毎月 1 万円ずつ積立をしたら、500 万円を投資するのに 41 年もかかってしまう……。もう 70 歳近いから、今更、資産形成をしましょうといわれてもね……

　なお、2023年までのつみたてNISAであれば年間40万円、2024年からのつみたて投資枠であれば年間120万円の非課税投資枠があるにもかかわらず、年間12万円（1万円×12か月）の利用の説明でよいのかも考えなければなりません。年間投資枠は翌年に繰り越すことができないため、お客様は年間投資枠の権利をフルに活用できていないといえます。

非課税投資枠の上限
〜2023年：年40万円
2024年〜：年120万円

提案した金額
年12万円

活用しなくても
いいの？

5　様々なルールが定められている理由を考える

　金融商品の取扱いについては、金融商品取引法をはじめ様々な法令等によりルールが定められています。また法令等以外にも各金融機関のルールがあります。顧客本位の業務運営を実践するためには、ルールを遵守することに加えて、プリンシプルベースで考える必要があります。これらのルールが設けられているのは「顧客保護」のためですが、具体的に、これらのルールがなければどのようなことが起こるのかを考えておくことは大切です。

（1）　高齢顧客に対するルール

　高齢になると、理解力や判断力が若い時よりも低下する傾向があります。目が悪くなる、耳が聞こえにくくなるなどの身体的な影響が出てくる人もいます。

　このようなことから、若いお客様に対する説明と同じような説明をしても、同じように理解してもらうのは無理があるといえます。もしかすると、聴力の低下も加わって早口で説明されると理解が追いついていかないかもしれません。しかし、「理解できなかった」ということが恥ずかしくていえず、質問はありますかと聞かれても、ついわかったふりをして「大丈夫です」といってしまうことがあります。

　そのようなときにご家族の方が同席していると、ご家族の方はお客様の状況や性格を知っていることから「私は、ここがわからなかった。もう一度説明してほしい」とお客様の気持ちを代弁して質問していただけることがあります。また「本当にわかったの？　あやしいな」と笑ってお客様に話しかけることで、営業担当者にもう一度説明を促されるかもしれません。営業担当者から「ご家族様もよろしいでしょうか」と話を振ってみることも

できます。

　複数回面談のメリットのひとつに、前回説明したことの理解度を確認できることがあります。複数人面談のメリットとしては、営業担当者だけではなく、役席者が補足することで、説明の仕方が変わり、「そういうことだったのか」とお客様の理解を深めることができたり、お客様の理解度などを異なった目線で確認できたりすることが考えられます。

　高齢のお客様に対して様々なルールが設けられているのは、理解力や判断力が現役層のお客様よりも低下していることが多いため、現役層のお客様よりも、より慎重な対応をしなければならないからです。その慎重な対応を具体的にしたものが「家族の同席」や「複数回面談」等のルールです。

> 高齢のお客様に対するルールが面倒だなと思うことは、慎重な対応をするのは面倒だなと思うこと。これってまったく顧客本位とはいえない！

（2）未成年者に対するルール

　未成年者の場合、一般に社会・経済活動に対する経験が不足していることから、金融機関との情報の非対称性が、成年者よりも高いことが挙げられます。

　第1章. Ⅲ「1. 金融広報中央委員会の金融リテラシー調査」の結果にもありましたが、若年層は、総じて金融リテラシーが低い結果となっています。損失が発生した場合、一般に収入があっても少ないことからそれをリカバリーするのが困難と考えられます。

　また、長期投資といっても、未成年者のたとえば10年間は、40代50代の10年間よりも環境の変化が大きく予測がつきにくいことが多々あります。

　そのため、未成年者の取引については慎重に考えなければならないことを踏まえて、多くの金融機関では未成年者に対するルールを定めています。

> 利益が出れば、学費の足しになると思っていたけど、反対に損失が発生してしまった。バイトを増やして何とかするしかないかな。

（3）乗換えに関するルール

　乗換売買は絶対に行ってはならないというわけではありません。しかし、安易に乗り換えた結果、実はお客様のためにならないことがあるため、ルールを設けて慎重に行おうと

いうものです。

　たとえば、あるお客様にAファンドを提案したところ、新規で購入する余裕はないので、今、保有しているBファンドが損をしないのであれば、Aファンドに乗り換えてもよいといわれたとします。このとき、お客様の要望だからといって本当に乗換売買を行ってよいのでしょうか。

　Aファンドは、成長性が期待できる企業に分散投資するという運用方針で、Bファンドは、世界的に高いシェアを持つ企業に分散投資するという運用方針だったとします。しかし、実際に運用対象となっている企業名を見るとあまり変わりがなかったとすると、お客様は手数料等を支払ってまでBファンドに乗り換える必要性はありません。この乗換売買は、営業担当者の成績本位の可能性があります。

　この場合、営業担当者は、成績本位で考えていたわけではないかもしれません。そのことを客観的に検証できるようにするため、各金融機関は乗換えの際の説明に関するルールを定めているのです。このルールに基づく説明によって、お客様はAファンドとBファンドの投資対象が実は似ていることに気づかれたり、もしかすると、Aファンドの利益が6万円である一方、Bファンドの購入時手数料が4万円かかり、お客様は思ったほど利益を得ることができないことに気づかれたりするかもしれません。

　乗換売買をすることで、お客様は当初予定していた長期投資ができなくなる可能性があります。利益が出ると、換金してほかのファンドに乗り換えていると、長期保有しているのは損失が生じているファンドだけということにもなりかねません。

ルールが設けられているのは、客観的で慎重な取引をするため

6　お客様からありがとうと言われる営業

　投資信託や保険商品の勧誘・販売（募集）をすることは、お客様に「資産形成の方法」や「資産に関する現状認識のきっかけ」を与えることになります。

　これは、お客様の役に立つことです。お客様の役に立つ話であれば、お客様は「今日は、いい話が聞けたよ。ありがとう」とおっしゃいます。しかし、いわゆる「お願い営業」ばかりしていると、「ありがとうございます」というのはいつも営業担当者になってしまいます。

　お願い営業は、顧客本位の業務運営について、どうのこうのという以前の問題です。た

しかに、一度や二度は、このような営業によっても成果が上がるでしょう。しかし、決して長続きはしない営業であり、かつ、顧客本位ではなく営業担当者本位の行為であるため、「お願い営業」ばかりしていると、仕事そのものに嫌悪感を抱いてしまうかもしれません。目標達成が第一となった営業姿勢は、決して顧客本位の業務運営ではないのです。

　お金にまつわる話は、多くの人が興味を持っていながら、誰とでもできる話ではありません。しかも、今日、聞いたからといって、明日、お金が増えるということにはならず、時間がかかることです。時間がかかるということは、お客様には、できるだけ早く、お金と向き合っていただく必要があるということです。そのためには、お客様に、今の状態をチェックしていただき、お金の増やし方を検討していただく必要があります。その役割を担っているのが金融機関の営業担当者です。顧客本位の営業を行うことによって、お客様は金融機関の営業担当者から数多くの情報を得ることができ、それによって人生の過ごし方が変わる可能性もあります。

　できることならば、お客様から、「あなたの説明には、これだけの手数料を支払う価値がありますね」といわれたいものです。今一度、金融機関がお客様に与える影響を考えていただきたいと思います。

目指すのは常に、お客様から感謝される営業姿勢

お客様の知識や経験を踏まえた説明義務

1 「お客様カード等」からの話題の展開

　「お客様カード」「ご相談シート」「ヒアリングシート」など、名称やその受入れ方法は様々ですが(ここでは「お客様カード」といいます)、金融機関は、投資性の金融商品の提案の前に、お客様カードを用いて、お客様の属性やニーズ等のヒアリングを行っています。

　このヒアリングが形骸化している状況が見受けられます。たとえば、「お客様カード」に記入（あるいは回答・入力）していただいた後、商品提案になり、その際、改めて「お客様は、これまで投資信託をされたことがございますか？」と聞かれる営業担当者がいらっしゃいます。その内容は、すでに「お客様カード」に記入（あるいは回答・入力）されていることであり、お客様からすると、この営業担当者は、自分のことを親身に考えて商品提案を行っているとは思えません。お客様カードの受入れは、単なる事務手続きではなく、適合性の原則を踏まえた、顧客本位の営業活動を行うための重要なツールと捉える必要があります。

> **お客様カードは、適合性の原則を踏まえた営業活動を行うための重要なツール**

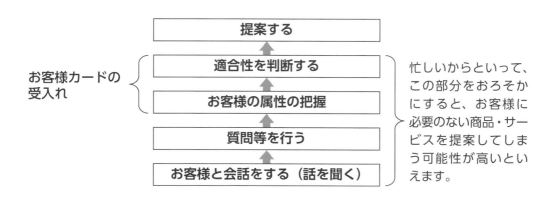

　このほか、お客様カードへの記入あるいは回答内容を誘導している事例も見受けられます。

たとえば、投資目的の項目について、「分配金重視」と「基準価額の成長」のどちらが良いか、お客様が悩んでいたとします。そのようなときに、毎月分配型の投資信託を販売したいと思っている営業担当者が、「毎月分配金を受け取ることができると、ちょっとしたお小遣いになって楽しいと思いませんか？」と声を掛けたとします。営業担当者は、お客様に対して助言をしたつもりかもしれませんが、「楽しいと思いませんか？」といわれたお客様は、一般論として「楽しいかもしれませんね」と返事をしたところ、「それでは、この３番の分配金の定期的な受取りを希望するにチェックをお願いします」と誘導するような事例です。

　誘導の結果、営業担当者は、お客様の真の投資目的を把握することができないまま、商品説明を行うこととなります。そして、真の目的に沿っていない商品を提案されたお客様は、なんとなく「しっくりとこない」と感じられてしまうのです。

　お客様カードの各項目から、お客様の様々な属性情報を把握することができます。たとえば、投資経験の項目で株式投資の経験が20年と回答されたお客様に、「ご自分で銘柄研究されていらっしゃるのですか」と尋ねた場合を考えてみます。

＜パターン１＞

> 株式投資といっても持株会だよ。入社したときに、総務の人にいわれて入ったんだ。それから特に増額も売却もしたことはないよ。

　このお客様が、自社株の株価変動を確認しており、なぜ株価が動いているのかということに関心を持たれているようであれば、株式の知識があるといえます。しかし、そうではなく、そもそも、株価が変動しているという認識もあまりお持ちでなく、売却の仕方がわからないから持株会を続けているというのであれば、株式の知識があるとはいえません。

＜パターン２＞

> なんだかんだいって、もう20年ほど株式投資をしています。証券会社の担当者が慎重な人なので、その担当者の言う通りにしている感じです。

　この場合、お客様は証券会社の担当者任せにしており、株価の変動要因等にあまり興味

がない可能性があります。投資経験が長いからといって、知識があるとは限りません。このほか、株式を保有しているものの、相続した株式であり、よくわからないのでそのままにしているといった状況であれば、そのお客様も株式に対する知識があるとはいえません。

＜パターン３＞

「これだ！」と思う銘柄（会社）が見つかると嬉しいですね。毎日株価をチェックしています。当たり前のことですが、業績の良い会社は、なかなか株価が下がってくれないので買うタイミングがありません。

　このお客様は、株式の知識があると判断できます。ただし、債券や不動産等に係る知識があるかどうかについては、別途ヒアリングする必要があります。

　上記のように、株式投資の経験が20年と同じ回答をされても、その取引等の内容をよく聞かなければ、本当に投資知識や経験があるのかどうかの判断はできません。

　営業担当者の中には、『株式投資の経験がある⇒投資についてよくご存知⇒投資信託や外貨建ての保険商品、変額個人年金保険の勧誘ができる』と考える方がいます。これは、お客様に投資知識や経験があれば、投資信託等の勧誘がしやすいため、お客様に投資知識や経験があると営業担当者自身が思いたいからではないでしょうか。あるいは、もし損失が発生したり、苦情の申し出があっても「投資経験が十分な人であったため」ということが、免罪符のようになると思っているのではないでしょうか。

　投資経験があるお客様イコール「リスクを取れるお客様」ではないことにも留意する必要があります。たとえば、投資比率やライフプランの観点からすると、今後は安全性重視の資産運用をしたほうがよいお客様であるかもしれません。または、これ以上リスクを取るのは望ましくないお客様かもしれません。

　お客様も営業担当者も限られた時間の中で、お客様カードを受け入れるわけですから、その回答の内容を最大限に活かした提案を行うことが、結果的には、顧客本位を実践した営業につながるといえます。

「潜在的」とは、表面には現れずに内々に隠れて存在していることです。この中には、お客様自身が気づいていないことも含まれます。

「ニーズ」とは、商品やサービスに対してお客様が求めている必要性のことです。「疲れたので、休息をとるためにコーヒーを飲もう」「スマホの使い方がわからないから、携帯ショップに行って説明してもらおう」などと、お客様が商品やサービスを求める場合には、必要性が存在します。

▶ 疲れたので、休息をとるためにコーヒーを飲もう
- 欲しいと思っているのは「コーヒー」
- 必要なのは（ニーズは）「休息（リラックス効果）」

▶ スマホの使い方がわからないから、携帯ショップに行って説明してもらおう
- 欲しいと思っているのは「使い方の説明」
- 必要なのは（ニーズは）「スマホの便利な使いこなし」

これらを合わせて考えると、潜在的ニーズとは、お客様自身がまだ気づいていないものの、そのお客様に必要性があると考えられるものといえます。

お客様が気づいていない状況には、「その商品・サービスの存在は認識しているものの、自分には関係ないものと思っている」「その商品・サービスの存在そのものを認識していない」といった場合などが考えられます。

上記のコーヒーの例でいうと、「疲れた」という自覚症状がない状態です。そのような状態のときに、「一息入れたらどうですか？」とコーヒーを差し出されて、ほっとすることがあります。それにより、「あっ、疲れていたんだ」と自覚することがあります。あるいは、コーヒーを飲もうとしている人に「今日、6杯目のコーヒーじゃないですか？ カフェインの取り過ぎになるので、ハーブティや麦茶でほっと一息されるのもお勧めですよ」と、その人の健康を考えて代替品を提案したりすることも重要です。また、スマホの例の場合、そもそもそのような機能があることを知らなかったというときに、「このように利用することができますよ」と教えてもらえると、それは便利な使い方だと認識することができます。

金融機関の営業担当者は、お客様がどのような状況であるのかを推察しながら提案する必要があります。

ニーズを把握するということは、お客様に どのような商品・サービスの必要性があるのかを把握すること

　お客様に投資信託や保険商品が必要かどうかを判断するための知識習得のひとつにFP資格の取得がありますが、実態として、その知識が活かされていないことが多くあります。

　試験問題を提示されれば解くことができても、お客様との会話の中から、お客様にとって何が問題になるのかを推察できないため、知識を活かすことができないのです。試験問題は「顕在化されたニーズ」といえます。顕在化されたものであれば、それに適するものを提案すればよいといえますが、「潜在的なニーズ」の場合は、お客様との会話の中から、お客様の資産形成等に係る問題点等を見出さなくてはなりません。その際、年金や相続、税金、金融商品、マーケットなどに係る知識が必要です。

　「顕在化されたニーズ」の場合でも、お客様にとってそれが最善の利益になるかどうかを考える必要があります。お客様は、自分に適した商品・サービスが、ほかにもあることを認識せずに、特定の商品・サービスを選択している可能性があるからです。

　たとえば、一時払終身保険について、「死亡保険金で遺族保障の準備ができる商品」という認識はあるものの、一定期間以上経過した後は、「退職後の生活資金に充当することも考えられる商品」という活用方法を知らないため、「保険に加入して、いざというときに使えなかったら困る」と思われて定期預金に預入れされているかもしれません。

　たとえば、携帯ショップに行って「そういう使い方ができるんだ」と、質問した以上の回答・説明をしてもらえると、すごく得をした気分になる！

　相続対策の必要性があるかないかを聞かないで、「相続対策として名前をつけて遺しましょう」と保険商品を提案する行為や、お客様がどのような年金制度に加入しているのかを聞かないままに「年金が不安ですね」と投資信託を提案する行為などは、お客様のニーズに合った商品を提案しているとはいえません。お客様のニーズ（必要性）に基づいて提案するためには、お客様に、何が必要か、何が不足しているのかを推察しなければなりません。

　この推察をするためには、雑談が有効ですが、昨今、SNSの影響もあり、雑談を抜きにして、本題から入ることを好む人が増えています。しかし、本題から入るといっても、唐

突に「こちらの投資信託に興味はありませんか」というと、一般にお客様は反射的に「いえ、結構です」と返答されます。

　まずは、何か労りの言葉を投げかけたあと、お客様の反応によって、本題に入るかどうかを考えるのがよいでしょう。

今日も暑いですね。体調にお変わりはございませんか？

＜お客様の回答パターン＞

1. ええ、おかげさまで。
2. ええ、おかげさまで。あなたも変わりはない？
3. 本当に暑いですね。熱中症を考えたら、エアコンなしでは暮らせないけど、電気代が心配！
4. それが、先日大変だったの！（聞いてくれる？）

　この問いかけに対して、1番から4番の回答であれば、4番のような回答にいくほど雑談が好きなお客様かもしれません。具体的な話をされた際には、その話に対して何かリアクションすることがコミュニケーションを取るうえで大切です。反対に、1番のような回答で会話が途切れてしまったら、「それは何よりです。では早速ではございますが、お忙しいでしょうから本題に入らせていただいてよろしいでしょうか」と一言添えると会話がスムーズになります。ただ単に会話が苦手というお客様もいらっしゃいます。そのような場合には、二者択一で質問をするなどしてお客様が相談しやすい雰囲気を作ることも必要です。

　会話をする際のポイントは労りの気持ちで接することです。労われて、嫌な思いをする人はほとんどいません。

　営業現場における会話のひとつひとつが、お客様のライフスタイルやライフプランを推察するヒントとなります。お客様の考えがわかると、何をアドバイスすればよいのかが見えてきます。

まずは、お客様と会話をして、お客様のことを知ろう（理解しよう）という気持ちが大切なのね！

3 お客様の属性別の説明のポイント

（1）投資初心者への説明

　投資初心者のお客様には、専門用語を極力使わないようにすることを意識するとともに、全体像がわかるように説明することを心掛ける必要があります。たとえば、重要情報シート金融事業者編で、金融商品には様々なものがあることを知っていただくことも大切ですし、商品ラインナップを見せて「投資信託と一口にいっても様々な商品があります」と説明することも大切です。

　また、投資信託や保険商品の説明にあたって、商品の特徴を中心に説明する営業担当者が多いと思いますが、投資初心者の方にとって、たとえば、中途換金ができるかどうかは気になるポイントだと思います。初めて投資等を行って、何らかの事情で止めておけばよかったと思った時に換金できるのかどうかは、重要な要素です。

　また、どのような人が申し込んでいるのかも気になるところではないでしょうか？　商品の特徴ももちろん説明しなければならない事項ですが、それだけではなく購入層や全体像の説明なども必要でしょう。

> 金融機関の人に勧められて投信積立を始めたのですが、これってずっと積立していればいいの？　換金したいときは、どうしたらいいのかな？　購入の話だけでなく、換金のことも教えてもらえると助かります。

（2）高齢のお客様への説明

高齢のお客様の場合、一般に以下のような特性が考えられます。

- ▶ 視力・聴力の低下
- ▶ 思ったことがすぐに言葉に表せない
- ▶ 新しいことに挑戦するのが億劫・面倒くさいと感じる
- ▶ 若い人に考え方を指摘されることが、受け入れられない
- ▶ ある事象と、他の事象が混乱しやすい

　たとえば、視力の低下について、言葉ではよく聞いているかもしれません。しかし、どのようなものが見えて、どのようなものが見えにくくなっているのかを、具体的にわかっている営業担当者は少ないのではないでしょうか。投資信託説明書（交付目論見書）や保

険商品の注意喚起情報等について、ページは開いているものの、あまりよく見えていない
お客様の場合、営業担当者の口頭による説明に頼っていらっしゃることが多いといえます。
しかし、営業担当者はそのことに気づかず「これは、こちらの資料でご確認ください」と
案内してしまうことがあります。

　このようなことから、高齢のお客様への説明は、ゆっくりと丁寧な説明が求められます。
「ここまではよろしいでしょうか」と発言した場合、認知判断能力に問題がなくても高齢
のお客様の返答は現役層のお客様より時間がかかることがあります。しっかり待つように
しなければいけません。

　また、長年の経験等から勝手な思い込みをされてしまうことにも注意が必要です。

　たとえば、銀行では30年も40年も取引をしてきたが元本が割れることなんて一度もな
かったという経験が、投資信託についても「元本保証がないといっているが、銀行で申し
込むのだから大丈夫に違いない」と思い込まれることがあります。

 長年銀行さんと取引をしているけど、元本が割れたことなんて一度もな
いよ。銀行さんとの取引とはそういうものだろう？

　また、最近では印鑑レスの書類も増えてきていますが、「銀行で取引するときは、印鑑が
必要。署名・捺印していなければ取引は成立していない」と思い込まれることもあります。
お客様の経験値に配慮した説明が必要です。

 これまで、銀行の取扱商品は元本保証があるのが当たり前だったのです
が、この投資信託は証券会社で取り扱っているものと同じなんです。そ
のため、本当に元本保証がない金融商品ですので、繰り返し説明させて
いただきました。

　このように、「今までの商品とは違う」ということをはっきりさせた説明が必要です。

（3）投資経験者への説明

　お客様の投資経験を踏まえて説明することが考えられます。たとえば、株式投資をされ
ているお客様に株式投資信託の説明をする場合、株式と株式投資信託の同じ点、異なる点

を比較しながら説明します。そのためには、自社で株式の取扱いがないからといって、株式のことは知らなくても構わないという考えでは困ります。営業担当者は自社の取扱商品について熟知することは当然のことながら、金融商品のアドバイザーとしての役割を果たすため、様々な金融商品に対して好奇心をもって理解するように努めましょう。

株式投資信託は、株式と同じように価格変動リスクがあります。しかし、株式と異なり、価格は１日に１回だけ算出されます。そのため、今日の申込み受付時間までにお申込みいただいたお客様は、何時に手続きをされても、同じ価格で購入することになります（株式は、原則として時々刻々と取引所等で売買されています）。

株式の場合、原則として売買の都度手数料がかかります。株式投資信託の多くは、購入時に手数料はかかりますが、換金時には手数料がかからないものがほとんどです。また、最近はノーロードといって、購入時に手数料がかからないものも増えています。しかし、株式とは異なり、保有時に運用管理費用（信託報酬）と呼ばれる費用がかかります。

　株式への投資経験があるからといって、投資全般の知識があるわけではないことに配慮した説明が必要です。なお、株式投資信託のリピーターであれば、前回の株式投資信託と比較しながら説明することが考えられます。

4　金融商品別の説明のポイント

（1）毎月分配型投資信託の説明

　毎月分配型の投資信託とは、毎月決算が行われ、原則として毎月分配金の支払いがされる投資信託です。毎月の分配金の原資を確保するため、一般に、投資対象を高配当利回りの株式や、高金利の国や地域の債券、格付けが低い高利回りの債券、比較的分配金利回りが高い不動産投資信託などを投資対象としています。

　投資信託の分配金は預金の利息と異なり、信託財産の中から支払われます。そのため、分配金が支払われると、その金額相当分基準価額は下がります。なお、分配金の原資となるのは、次のものです。

＜投資信託の分配原資＞

　追加型株式投資信託の分配金に充当できる分配金の原資は、投資信託協会の「投資信託財産の評価及び計理等に関する規則」で定められています。

①経費控除後の利子・配当等収益	投資信託組入資産である株式や不動産投資信託の配当金や債券などの利子（インカム・ゲイン）	当期の利益から生じた分配金の原資
②経費控除後、繰越欠損金補填後の有価証券売買益等（評価益を含む）	投資信託組入資産である株式や不動産投資信託、債券等の売買益・評価益（キャピタル・ゲイン）	
③分配準備積立金	当期以前に、利益が発生していたものの分配金として支払っていない資金	
④収益調整金	追加型株式投資信託において、追加設定が行われることで既存のお客様（受益者）の分配金に関する権利が損なわれないようにするために設けられた追加型株式投資信託特有の勘定	

　分配金は、上記①と②の当期の利益から支払われるだけでなく、③や④から支払われることもあります。

　金融商品取引業者等向けの総合的な監督指針では、投資信託の説明を行う際には「投資信託の分配金に関して、分配金の一部または全てが元本の一部払戻しに相当する場合があることを、お客様に分かり易く説明しているか」ということに留意することとしています。

　「毎月、分配金を受け取ることができるのはいいですよね」とだけ説明していると、お客様は分配金を受け取ることができるのは得なことと思い込まれてしまう可能性があります。損だというわけではありませんが、分配金は純資産を取り崩して支払われます。感覚的には、毎月一定額を換金しているという状況です。そのため、分配金を何かに使う予定のあるお客様にとっては、運用しながら毎月一定の分配金の支払いを受けることができるというメリットがありますが、資産形成のためお金を増やそうとしているお客様や基準価額の上昇を期待しているお客様には不向きといえます。

　分配金を再投資するにしても、一度キャッシュで支払いを受けることになるため、運用効率が悪くなります。

　投資信託協会の「投資信託に関するアンケート調査報告書（2023年１月）」によると、現在、投資信託保有層のうち、20代の方の毎月分配型投資信託の保有比率が高くなっています。20代の方は、一般に給与もまださほど高くなく、様々なライフイベントもあるため、

給与の補完として毎月分配型投資信託を保有して分配金を受けるのはある意味合理的ですが、目先ではなく今後のライフイベントを見据えて資産形成をしようと考えているのであれば、自分に合った商品の選択ができているとはいえないのではないでしょうか。

普通預金に入金された分配金を何となく使ってしまっているのであれば、意味がありません。

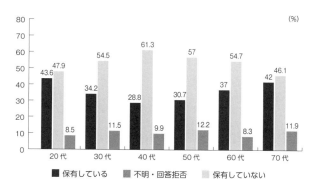

＜毎月分配型投資信託の保有率＞

出所：投資信託協会の「投資信託に関するアンケート調査報告書（2023年1月）」より（株）フィナンシャル・ラボ作成

なお、2024年以降、毎月分配型投資信託はNISA制度の成長投資枠の対象商品ではないことに注意が必要です。これは、毎月分配型投資信託が悪い投資信託というわけではなく、資産形成には適していないからです。

＜注意したいポイント＞

▶ 分配金は預金の利息とは異なり、純資産総額の中から支払われるため、分配金が支払われるとその金額相当分、基準価額が下がること

▶ 毎月分配型投資信託は分配金受取型／再投資型に関わらず、資産形成には不向きなファンドであること

▶ 2024年以降はNISA制度の成長投資枠の対象商品ではないこと（従来から、つみたてNISA（つみたて投資枠）の対象商品ではありません）

（2）外貨建ての保険商品の説明

外貨建ての保険商品とは、終身保険や年金保険が、円建てではなく外貨建てで設計されている保険商品のことです。外貨建ての保険商品は、日本のものと比べると利回りが相対的に高いところに魅力があります。

しかし、お客様が海外の高い利回りに気を取られて、為替変動リスクや市場価格調整についてよく理解しないまま申し込まれているといった問題が見受けられます。何となく、株式や投資信託なら怖いけど、保険商品なら安心と思われている傾向があることに注意が必要です。営業担当者はこのような傾向を理解したうえで、丁寧な説明をしなければなりません。

保険商品という言葉の響きから、何となく投資信託などより安全性が高い商品と思われがちですが、外貨建ての保険商品は、投資信託と同じく為替変動リスクや金利変動リスクがある商品です。

　市場価格調整については、営業担当者自身もよく理解されていないことがあります。営業担当者がよく理解されていないのに、お客様に適切な説明ができているはずもなく、何となく「調整」という名前から、大したことではないと双方が思ってしまっていることもあります。

　2021年から2023年にかけてアメリカの金利が大幅に上昇し、日米の金利差が開いたため、急速に円安が進みました。そのため、お客様は「円安になったから大きな利益が出ているに違いない」と思って換金したところ、思ったほど利益が出ていなかったということがありました。これは、市場価格調整の影響で、外貨ベースでの積立金が減少したからです。

 円安になったのに、ちっとも利益になっていない！ 話が違う！

　あらかじめ聞いていなかったことが理由で、思ったような利益にならなかったことに、お客様が納得できるはずがなく、何だか騙されたような気分になられたのかもしれません。これでは、せっかく、資産形成や投資に興味を持っていただいたのに、今後、安心して資産形成を続けていくことができなくなってしまいます。

＜市場価格調整＞

　市場価格調整とは、解約返戻金等の受取りの際に、市場金利の変動による運用資産額の変動を、解約返戻金等に反映させる仕組みのことです。具体的には、保険契約をした時と、解約する時の市場金利を比較して、解約する時の市場金利が上昇していた場合、解約返戻金は、その金利上昇の影響を受けて減少します。市場価格調整率は、保険会社や保険商品によって算出方法が異なる場合があります。

　金融庁の「リスク性金融商品の販売会社における顧客本位の業務運営のモニタリング結果（2023年6月30日）」によると、2022年上期は外貨建て一時払い保険の販売額が伸びている一方、解約率も高くなっています（2020年下期も解約率が高く、販売額はその前期よりも増えています）。為替差益が生じた際に解約率が高まることはその商品の特性上、仕方のないことですが、その時に、販売額も増えているのは、マーケットの動向だけでは説明しきれない現象です。

　外貨建て一時払い保険の解約返戻金で安易にまた同様の保険商品に加入しているということはないのでしょうか。あったとすれば、これは実質的に乗換売買です。そして保険商品の場合、加入時に保険契約に関する手数料等が積立金から控除される場合もあり、保障機能がある分、一般に投資信託よりも費用が割高です。解約控除率が差し引かれる商品であれば、お客様の費用負担はさらに大きくなります。

＜保険商品の販売額の推移＞

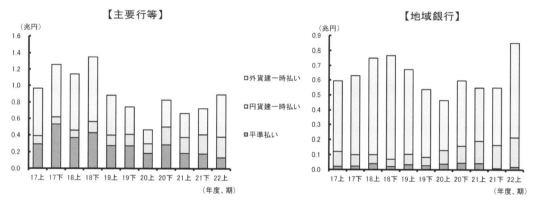

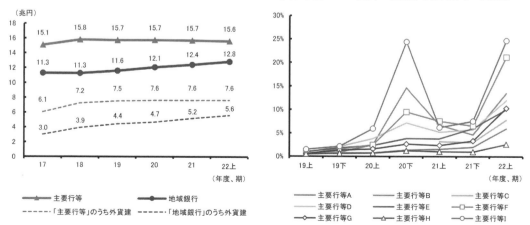

出所：金融庁「リスク性金融商品の販売会社における顧客本位の業務運営のモニタリング結果」（2023年6月30日）

単に為替差益を得ることがお客様の目的であれば、外貨建ての保険商品を提案することがお客様の利益に適った金融商品であるのか疑問です。もっと費用負担の低い外貨預金や為替変動リスクのある投資信託、あるいは外貨建債券という選択肢もあったはずです。これらを比較したうえで保険商品を選択されたのでしょうか（自社でこれらの金融商品の取扱いがない場合であっても、お客様にそれら商品の情報提供をすることが望ましいとされています）。

　そのうえで、もし、保険商品を選択されたとすると、それは保険ならではの死亡保障等の保障機能に対してお客様のニーズがあったからでしょう。しかし、利益が生じたからといって解約したら、この保障機能に対するお客様のニーズはどうなるのでしょうか。「外貨で増やして遺す」ニーズがあり、損失は避けたいというのであれば、外貨ベースで増えたところで、商品によっては円建ての終身保険に切り替えて、遺す機能を保つこともできます。この機能を使えば、お客様の目的に沿った状況が作れるはずです。

　保険募集時には、「増やして遺しましょう」と提案していたにも関わらず、円安になって利益が生じると、「中途解約して利益を確定しておきましょう」と案内したとすると、入口と出口の提案内容が変わったことになります。その後、再度、お客様に外貨建ての保険商品を提案したとすると、その行為は、お客様の最善の利益を追求したものとはいえません。顧客本位というよりは、解約代金でまた別の金融商品を申し込んで欲しいという営業担当者本位ではないでしょうか。

（3）iDeCo の説明

　確定拠出年金は、国民年金基金や確定給付企業年金と同様に、公的年金に上乗せされる年金制度です。iDeCo（個人型確定拠出年金）は、企業型確定拠出年金と異なり、会社が掛金を拠出するのではなく、加入者である個人が自ら掛金を拠出し、運用指図を行い、その運用実績次第で年金額が決まります。実施主体は、国民年金基金連合会です。

　iDeCoの説明をされる際には、税制上の優遇措置があるといったメリットや、資産形成の必要性の話、デメリットとして原則60歳まで引出しができないことや口座管理料がかかることの説明をされる営業担当者が多いと思います。

　しかし、たとえば年金として受給する場合、この年金の所得は「公的年金等に係る雑所得」となり、他の公的年金等の収入と合算して「公的年金等控除」の適用を受け、公的年金等控除額を超えた額は課税対象となります。「税制上の優遇措置＝非課税」といった誤認を与えることがないように気をつけなければなりません。

控除の対象とは聞いていたけど、課税される可能性があるとは聞いていない。税制優遇が適用されると聞いていたから、てっきり課税されることはないと思っていた。

　実際、このような苦情が増えているようです。加入時の説明の際、受給に係ることは、まだ先の話なので営業担当者もお客様もおろそかにしてしまう傾向があります。しかし、受給時における費用や税金等は重要な情報です。営業担当者はお客様との情報の非対称性を意識し、お客様がおろそかにしやすいことこそ、丁寧に説明しなければなりません。

　また、全体的に「税制優遇の適用を受けながら資産形成できる」という説明が多く、他の金融商品に比べて、お客様のニーズに沿ったというよりは画一的な説明が目立つとともに、お客様のライフプランに沿った説明ができていないことがあります。たとえば、途中で掛金を拠出するのが難しくなった時のアドバイスや離転職された時の手続きなどの説明が不十分といえます。

iDeCo は 60 歳まで引き出すことができません。先が長い話ですので、もし、途中で掛金を拠出することが難しくなった場合には、年に 1 回であれば掛金の減額をすることができます。iDeCo の最低拠出額は月額 5,000 円です。減額しても支払いが難しいときは、拠出を停止して運用指図者になることもできます。ただし、運用指図者の間も口座管理料がかかることや運用指図者の期間は通算加入者等期間に含まれないことなどに注意が必要です。

もし、途中でお勤め先が変わられましたら、加入者登録事業所変更届の提出が必要になります。iDeCo は長い期間お取引いただく制度ですので、途中でご住所、お名前のほか、勤務先などが変わられた時には、手続きが必要かどうかを念のためお尋ねください。

今まで、このような説明をしていないかも……。

iDeCoに関して、詳細な説明がされていないのは、たとえば金融商品取引業者等向けの総合的な監督指針等や日本証券経協会からガイドライン等が発出されず、説明に関してのルールがあまり設けられていないからといえます（確定拠出年金を管轄している省庁は厚生労働省です）。

しかし、ルール化されていないからお客様に説明しないというのは顧客本位の業務運営とはいえません。投資信託も保険商品も保有時における留意事項を説明しているように、iDeCoに関してもお客様に対する情報提供は必要です。

> 確定拠出年金制度は、加入期間の長い制度だからこそ、加入期間中に制度変更の可能性があることに言及しておく必要があります。たとえば、運用益が非課税なのは、特別法人税が凍結されているからです。凍結解除となった場合、非課税ではなくなります。
>
> また、2023年6月16日に閣議決定した「経済財政運営と改革の基本方針2023（骨太の方針）」では退職所得課税制度の見直しが検討されています。

（4）仕組債の説明

仕組債は、スワップやオプションなどのデリバティブ取引を利用することで、普通債にはないようなキャッシュフローを生み出す構造を持つ債券です。償還日や利率、償還金などを、投資家や発行者のニーズに合わせて比較的自由に設定することができる特徴があります。

銀行等金融機関が仕組債を販売するためには、金融商品仲介業務の登録が必要です。

仕組債＝債券＋デリバティブ取引

仕組債の特徴を理解するためには、仕組債の構造を理解するとともにデリバティブ取引の理解が必要となります。そのため、一般に投資初心者のお客様や高齢のお客様には適していない金融商品といえます。たとえば、次のような日経平均株価を対象指数銘柄に指定した（日経平均株価の水準によって償還等の条件が変化する）仕組債が発行されたとします（実際には募集期間中は仮条件が提示され、募集期間経過後にその時の相場の状況に応じて各価格が公表されます）。

> ▶ 条件設定日の日経平均株価：30,000 円
> ▶ トリガー価格（ノックアウト価格）：31,500 円（条件設定日の日経平均株価の 105％）
> ▶ ノックイン価格：21,000 円（条件設定日の日経平均株価の 70％）
> ▶ 期間：3 年（満期償還日は 20XX 年 8 月 15 日）
> ▶ 年利率：3.0％（税引前）
> ▶ 利払日：毎年 2 月、5 月、8 月、11 月の各 15 日（年 4 回）
> ▶ 期限前償還日：半年後の利払日以降の各利払日
> ▶ 期限前償還判定日：各期限前償還日の 10 営業日前の日
> ▶ 観察期間：条件設定日の翌営業日から最終評価日（満期償還日の 10 営業日前）まで
> ▶ 申込み単位：500 万円以上 100 万円単位
>
> （その他の条件については省略）

【期限前償還】

上記の場合、期限前償還判定日に、もし日経平均株価が 31,500 円（トリガー価格）以上だったとすると、満期償還日を待たずに期限前償還（繰り上げ償還）されます。

【満期償還】

期限前償還されずに 20XX 年 8 月 15 日を迎えるときは、その 10 営業日前（最終評価日）の日経平均株価の水準によって、償還される金額が変わります。商品によって算出方法は異なりますが、ここでは 3 つのパターンがあると仮定します。

① 観察期間中、一度もノックイン価格（21,000 円）を下回ることがなかった場合

② 観察期間中、ノックイン価格を下回ったことがあるものの、最終評価日の日経平均株価が 30,000 円（条件設定日の日経平均株価）以上の場合

上記、①②の場合、額面金額で償還され、たとえば額面 500 万円申し込んでいたとすると 500 万円と終期利息 37,500 円[※]（税引前）が支払われます。

※ 500 万円 × 3％ ÷ 4 回 = 37,500 円

③ 観察期間中、ノックイン価格（21,000 円）を下回ったことがあり、最終評価日の日経平均株価が 30,000 円（条件設定日の日経平均株価）未満の場合

この場合、その時の日経平均株価の水準によって償還金額が変わってきます。たとえば、

最終評価日の価格が20,700円であったとすると、345万円（＝500万円×20,700円÷30,000円）と終期利息37,500円（税引前）が支払われることになります。

> 仕組債発行の条件だけでも複雑だと思う……。そのうえ、日経平均株価の動きによっては、大きく損失が発生してしまう可能性があるんだ。

　2022事務年度の金融行政方針に「仕組債は複雑な商品性を有しており、理解が困難なうえ、リスクやコストに見合う利益が得られない場合もあることから、取扱金融機関の経営陣が、このようなことを踏まえたうえで取扱い継続の是非や、どのような顧客を対象にすれば、真のニーズを踏まえた販売となるかを検討しているか」と記載されていました。

　上記の例であれば、たとえば、３年後の日経平均株価が大きく上昇していたとしても、受け取ることができる利益は年利率３％に限定されています。しかし、損をするときは日経平均株価の水準によって大きな損失となります。

> 利益が限定。損失は無限定。なるほど、ここでは「権利行使価格 30,000円（ノックイン価格 21,000円、ノックアウト価格 31,500円）のプットオプションを売建て」て、そのプレミアムの一部を加味して年利率３％の利息が支払われるようにしているのね。そのため、期間中にノックインし（21,000円を付け）、最終評価日に日経平均株価が 30,000円未満になると、プットオプションの権利が行使され、その損失分、償還金額が減額されるのね。オプションのことは、一種外務員資格を取得した時に勉強したけど、このような使われ方もされるのね。

　期限前償還すれば何となくよかったと思われるかもしれませんが、発行日から半年後に期限前償還された場合、半年分の利息を受け取るだけで償還になります。これが、リスクに見合ったリターンであるのかということが疑問視されているわけです。

　そう考えると、「日経平均株価はここから３年間、どんなに下がっても一瞬でも21,000円以下になることはないだろうけど、ここから大きく上昇することも期待できない」といった相場観を持っているお客様であれば、このような仕組債は適しているのかもしれません。

日経平均株価が大きく上昇すると思っていらっしゃるのであれば、日経平均株価をベンチマークとしたインデックスファンドを申し込んでもらったほうがいいね！

　一度、仕組債を申し込まれて、期限前償還や額面金額での満期償還を経験されたお客様は利回りの良い商品だったと思い込み、償還金で再度、同じような仕組債を申し込まれる傾向があります。その場合、リスクを軽視していらっしゃる場合がありますので、経験者に対しては、より慎重にリスクの説明をする必要があるといえます。そして営業担当者は、何度も仕組債の投資経験のあるお客様からの要望だから購入することに問題はないと安易に考えてはなりません。

この間の仕組債、すぐに満期になったけど、利息は高かったしよかったよね。同じようなものは、今、取り扱っていないの？

今、同じようなタイプの仕組債の取扱いはございますが、前回と同じように 1 年程度で期限前償還になるとは限りません。ノックイン価格を下回った場合は、非常に大きな損失が発生する可能性があります。マーケットのことですので「絶対」はございません。大切なことですので、念のため、もう一度、仕組債の仕組みやリスクについて説明させてください。

　仕組債の組成にあたっては、お客様のニーズをヒアリングして、どのような仕組債を組成したらよいのかを考えるアレンジャーと呼ばれる証券会社等やデリバティブの取引業者、実際に仕組債を発行する金融機関（多くが海外の高格付けの金融機関）、仕組債の販売会社など、複数の関係者が存在します。この場合、複数の関係者が手数料等を受け取っていますが、この手数料については開示されていません。お客様は直接手数料を支払っているわけではないので、あまり気に留めていらっしゃらないかもしれません。しかし、上記の例では年利率 3 ％となっていましたが、手数料等が低ければ 5 ％の年利率を受け取ることができるのかもしれません。

　このような不透明さは、顧客本位の業務運営に関する原則 4 「手数料等の明確化」に反しています。この手数料等の不透明さやリスクに見合ったリターンかどうか、そして、そ

もそもお客様が理解しているのかということなどを踏まえて、金融庁が仕組債の販売に係る警告を出すと、多くの金融機関では個人向けの仕組債の販売停止や、積極的な勧誘を控えるなどの動きが起こりました。2023事務年度の金融行政方針には、利用者目線に立った金融サービスの普及のための「顧客本位の業務運営」を実践するために、販売・管理態勢等の課題を踏まえ、仕組債に対して、「業界規則等※を踏まえた対応状況、販売実績や苦情に照らして留意すべき高リスクの金融商品の販売・管理態勢」がモニタリングの重点項目のひとつに掲げられました。

※日本証券業協会では、店頭デリバティブ取引に類する複雑な仕組債や店頭デリバティブ取引に類する複雑な投資信託（以下「複雑な仕組債等」）については、「合理的根拠適合性に係るガイドライン」「勧誘開始基準に係るガイドライン」「「重要な事項」の説明に係るガイドライン」により、適切な販売勧誘態勢の整備が求められていましたが、複雑な仕組債等取扱い金融商品取引業者等の拡大や商品性の多様化等など環境に大きな変化が見られるとともに、販売勧誘に関する苦情が増加している状況等を踏まえ、「協会員の投資勧誘、顧客管理等に関する規則（投資勧誘規則）」や関係ガイドライン、「広告等に関する指針」の一部改正が行われました（2023年7月1日施行）。たとえば、「勧誘開始基準に係るガイドライン」の改正では、複雑な仕組債等の勧誘対象となる顧客の絞込み等が求められたり、「広告等に関する指針」の一部改正では複雑な仕組債等に係る表示上の考え方等が追加されたりしています。

なお、仕組債の販売が自粛される一方、外貨建て一時払い保険の販売額が伸びています。これが、「仕組債の販売ができないから、外貨建て一時払い保険に申し込んでもらおう」といった安易な考えからだとすれば、顧客本位とはいえない行為です。

<**仕組債・外貨建て一時払い保険の販売額の推移**>

（注）主要行等と地域銀行を合算したもの

出所：金融庁「リスク性金融商品の販売会社における顧客本位の業務運営のモニタリング結果」（2023年6月30日）

5 誤解しやすい説明例

営業担当者の説明において、お客様に誤解を与えてしまいそうな説明例を紹介します。

> 株式投資はまとまった資金が必要ですが、投資信託は少額から投資できます。

　株式の取引において、取引所で売買注文を出すときは100株単位になります。そのため、株式の最低購入金額は、株価×100株で求めることができます。そして、この最低購入金額は銘柄によって大きく異なります。2023年11月30日現在で、半導体大手のキーエンスの株式を購入するには最低633万円程度、ユニクロを展開しているファーストリテイリングの株式を購入するには最低374万円程度必要です。たしかに、非常にまとまった資金が必要です。しかし、NTT（日本電信電話）の株式については最低17,300円程度から購入できます。三菱UFJフィナンシャル・グループの株式も127,000円程度から購入できます。このような場合、「株式投資にはまとまった資金が必要」という言葉は当てはまりません。

　また、株式累積投資制度という、投資信託と同じように毎月一定額で株式を購入することができる制度もあります。

　まとまった資金がなければ投資できないこともありますが、それだけではありませんので、「株式投資にはまとまった資金が必要ですが、投資信託は少額から投資することができます」と断言するのは、お客様に誤った情報を伝えることになります。

> この投資信託はまだ基準価額があまり上昇していません。

　これは、現在の基準価額が当初の価格である10,000円をどの程度上回っているか、または下回っているかという価格の水準で判断しています。しかし現在の基準価額の水準が10,000円を超えているから割高、下回っているから割安ということはできません。

　たとえば、日経平均株価が38,000円台を付けた1989年に、基準価額10,000円で設定された国内の株式に投資する投資信託であれば、仮に現在の日経平均株価が3万円だとすると、10,000円を下回っていても当然です。一方、同じ国内の株式を投資対象としている別

の投資信託は、日経平均株価が7,000円台のときに設定されたとします。この場合、（分配金の支払い等がなく）基準価額が10,000円を上回っていなければ、市場平均の水準から見て、かなり劣った運用実績といえるでしょう。このように、どの時点で設定されているかによって、投資信託の基準価額の水準は異なりますので、単純に基準価額の値をみて運用実績を評価することはできません。

　また、分配方針も基準価額に影響を及ぼします。分配金が支払われるとその金額相当分、基準価額は下がります。そのため、毎月分配金を支払うことを目指すファンドは、毎月、基準価額が下がる要因があるといえます。このように基準価額だけで、そのファンドの実績や割安かを判断することはできません。

　投資信託を選択する際には、基準価額の水準がどうなっているかというよりも、その投資信託の投資対象が今後、成長する見込みがあるかどうかで判断する必要があります。

ネット証券のほうが投資信託の費用は低くなっています。

　投資信託の場合、販売会社は目論見書で定められている上限の手数料率の範囲内であれば自由に購入時手数料と換金時手数料の料率を決めることができます。換金時手数料がかかる代表的な投資信託は長期公社債投資信託です。

　運用管理費用（信託報酬）や売買委託手数料、監査費用、信託財産留保額などの費用は、販売会社によって異なることはありません。

　購入時手数料が目論見書で無料とされているノーロードの投資信託の場合、ネット証券で購入しても、銀行等金融機関で購入しても、対面の証券会社で購入しても変わりはありません。言い換えると、NISAのつみたて投資枠の対象となっている投資信託は、すべて購入時手数料、換金時手数料がかからないものとなっており、どの金融機関で購入しても費用は同じです。

（外貨建て一時払い保険の募集において）為替が１＄＝○○円になっても損をすることはありません

　この、１＄＝○○円になっても、というのは、据置期間満了まで保有し、その間、積立

利率による運用で収益が増えていることを前提とした際の話です。短期間で中途換金された場合には当てはまらないことに注意しなければなりません。また、解約返戻金は為替変動リスクのほか、市場価格調整の影響を受けることも忘れてはなりません。

Ⅳ 顧客本位の投資勧誘とNISA制度の活用

1 NISAの利用状況

　NISA制度が始まったのは2014年です。2016年にジュニアNISA、2018年にはつみたてNISAの制度が導入され、確定拠出年金制度と並んで資産形成の中核を担っています。つみたてNISAは現役層の幅広い世代で口座数が伸びています。証券会社に対する調査結果ですが、2023年3月末のつみたてNISAの口座開設者に対する投資未経験者の割合が89.9％となっており、投資を始めるきっかけになっていることがわかります。

　2024年以降は、「つみたて投資枠」と一般NISAの機能を引き継ぐ「成長投資枠」の併用ができますので、積立で資産形成を始められたお客様に、成長投資枠の活用も検討していただきながら、お客様の目標額等を達成するための提案を行っていただきたいと思います。

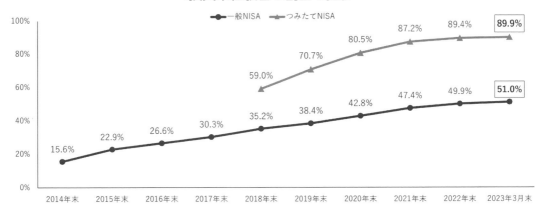

<投資未経験者の割合の推移>

※　つみたてNISAの「投資未経験者」は、報告のあった証券会社において2017年10月1日以降に証券総合口座を開設した者と、一般NISAの「投資未経験者」は、報告のあった証券会社において2013年4月1日以降に証券総合口座を開設した者としている。また、それぞれの割合は勘定設定口座数をベースに計算している。

出所：日本証券業協会「NISA口座開設・利用状況調査結果（2023年3月31日現在）について」2023年6月22日HP掲載分

　金融機関に勤めていると、NISA制度はメジャーな制度と認識しているかもしれませんが、投資信託協会のアンケート調査結果を見ると、まだまだ制度の内容まで浸透している状況ではなさそうです。

名前は聞いたことがあるし、何だか口座を作っている人も増えているみたいだから、NISA をやってみるか。

　このように思われているお客様には、NISA は商品ではなく制度であり、購入するのは投資信託等であることなどを丁寧に説明する必要があります。認知度が高くなるのはいいことですが、内容が理解されていなければ、損失が生じた場合、お客様は「こんなはずではなかった」と思われます。長期、積立、分散投資はリスクを抑える投資はできますが、損失が発生しない手法というわけではありません。

＜つみたて NISA の認知度＞

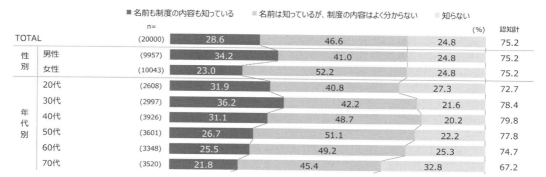

		n=	名前も制度の内容も知っている	名前は知っているが、制度の内容はよく分からない	知らない	認知計
TOTAL		(20000)	28.6	46.6	24.8	75.2
性別	男性	(9957)	34.2	41.0	24.8	75.2
	女性	(10043)	23.0	52.2	24.8	75.2
年代別	20代	(2608)	31.9	40.8	27.3	72.7
	30代	(2997)	36.2	42.2	21.6	78.4
	40代	(3926)	31.1	48.7	20.2	79.8
	50代	(3601)	26.7	51.1	22.2	77.8
	60代	(3348)	25.5	49.2	25.3	74.7
	70代	(3520)	21.8	45.4	32.8	67.2

出所：投資信託協会「2022年投資信託に関するアンケート調査（NISA、iDeCo等制度に関する調査）報告書」(2023年2月)

＜ 2024 年以降の NISA 制度＞

	つみたて投資枠 （特定累積投資勘定）	成長投資枠 （特定非課税管理勘定）
制度期限（購入可能期間）	なし（恒久化された制度）	
非課税保有期間	無期限	
年間投資枠（年間の 非課税投資上限額）	120 万円	240 万円
非課税保有限度額	1,800 万円 （うち、成長投資枠での利用は 1,200 万円まで）	
対象商品	2023 年までの つみたて NISA と同じ	公募株式投資信託を含む 一定の上場株式等
購入方法	定時・定額の積立投資	一括投資・積立投資
対象年齢	その年の 1 月 1 日において 18 歳以上	

■ 特定累積投資勘定と特定非課税管理勘定

　2024年以降、NISA口座には、つみたて投資枠用の「特定累積投資勘定」と、成長投資枠用の「特定非課税管理勘定」が、毎年、同時に設定され同じ年に併用して新規投資することができます。そして、毎年非課税投資できる上限金額である年間投資枠（購入時手数料等の金額は含まれません）が、つみたて投資枠で120万円、成長投資枠で240万円と大幅に拡大しました。併用した場合、年間360万円までの非課税投資が可能です。

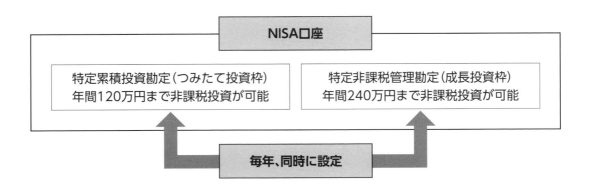

■ 受入れ対象商品

　つみたて投資枠に受け入れることができる公募株式投資信託は、つみたてNISAの対象ファンドと同じです。しかし、成長投資枠に受け入れることができる公募株式投資信託等は、一般NISAとは異なります。

　2024年以降、成長投資枠を利用して購入できる投資信託は、いわゆる「ブルベア型ファンド」「信託期間が20年未満のファンド」「毎月分配型投資信託」を除く公募株式投資信託となっています。

＜成長投資枠の対象外の公募株式投資信託＞

▶ いわゆる「ブルベア型ファンド（投資信託約款において一定のデリバティブ取引に係る権利に対する投資として運用を行っているもの……レバレッジ型やインバース型ファンド等）」

▶ 信託期間が20年未満のファンド

▶ 毎月分配型投資信託

■ 非課税保有期間

　非課税保有期間が、2024年以降、無期限になっています（従来、非課税管理勘定（一般NISA）に受け入れた公募株式投資信託等の非課税保有期間は最長5年、累積投資勘定（つみたてNISA）に受け入れた公募株式投資信託等の非課税保有期間は最長20年とされていました）。

　ただし、この非課税保有期間の無期限化は、2023年12月末までにNISA制度を利用して新規投資をした公募株式投資信託等には適用されません。

■ 非課税保有限度額

　2024年以降、年間投資枠に加えて、非課税保有限度額が新たに創設されました。これは、つみたて投資枠と成長投資枠の合計で1,800万円（うち、成長投資枠だけでは1,200万円）までNISA口座で保有できるというものです。

　特定累積投資勘定（つみたて投資枠）に受け入れる場合、次の合計額が1,800万円までであれば、購入（受け入れることが）できます。

▶ その年の特定累積投資勘定に受け入れた取得対価の額の合計額
▶ その年の特定非課税管理勘定に受け入れた取得対価の額の合計額 ⎱ A
▶ 特定累積投資勘定基準額

　特定累積投資勘定基準額とは、特定累積投資勘定（つみたて投資枠）と特定非課税管理勘定（成長投資枠）に前年末に受け入れている公募株式投資信託等の購入の代価（追加型株式投資信託の場合、元本払戻金控除後の購入時手数料等を含まない取得対価の額）の合計額（以下「簿価残高」）のことです。イメージ的には前年末の残高ですが、購入の代価で考えるため評価損益は含みません。簡単にいうと、「その年にNISAを利用して新規投資をした額」と「前年12月31日時点においてNISA口座で保有している投資信託等の簿価残高」の合計が1,800万円を超えてはならないということです。

　特定非課税管理勘定に受け入れる場合には、上のAの金額が1,800万円までで、次の合計額が1,200万円までであれば、購入（受け入れることが）できます。

▶ その年の特定非課税管理勘定に受け入れた取得対価の額の合計額
▶ 特定非課税管理勘定基準額

　特定非課税管理勘定基準額とは、特定非課税管理勘定に前年末に受け入れている公募株式投資信託等の購入の代価（簿価残高）のことです。

　また、換金等した場合、簿価残高分の非課税保有額が減り、その分、非課税保有限度額に空きが出ることから、その減った分は翌年以降再利用することができます。

＜2023年度税制改正による、2024年以降のNISA制度の主な改正内容＞
▶ 新規投資および口座開設可能期間に期限を設けない
▶ 非課税保有期間の無期限化
▶ 一般NISAの機能は、「成長投資枠」として存続
▶ つみたてNISAは、「つみたて投資枠」として存続
▶ 年間投資枠の拡大および非課税保有限度額の創設
▶ 非課税保有限度額は再利用可能

3　NISA制度の留意事項の説明

■　NISA の受入れ対象商品

　成長投資枠に受け入れることができる公募株式投資信託から、毎月分配型投資信託や信託期間が20年未満のものが除かれています。

　しかし、NISAの対象外のファンドをまったく提案しないというのも、顧客本位ではないかもしれません。もちろん、NISA対象ファンドの中に、お客様のニーズ等に合ったものがあれば、NISAを利用できるファンドを優先して考えるのが適切でしょう。しかし、お客様のニーズに合ったものがNISA対象ファンドにはない可能性があることも忘れてはなりません。

　このファンドも面白そうよね。

　しかし、そちらは NISA 制度の対象外ですので、こちらのファンドをご覧ください。

　上記の場合、営業担当者は、税制面からお客様の最善の利益を考えています。しかし、お客様が成長投資枠で受け入れることができる公募株式投資信託は、一般NISAで受け入れできた公募株式投資信託と異なるということをご存じでなければ、なぜ、違うファンドばかりを勧めるのだろうと不審に感じられるかもしれません。

　NISA 制度の対象外っていうけど、以前、私はこのファンドを、NISA 制度を利用して購入した覚えがあるんだけど。何か勘違いされていないかしら？

　そのため、特に一般NISAを利用した非課税投資の経験があるお客様に対しては、2024年からのNISA制度でつみたて投資枠や成長投資枠に受け入れることができる公募株式投資信託は、長期的な資産形成に適しているファンドとされているということを、あらかじ

めお伝えしておくのがよいでしょう。そして、たとえ対象外であってもそのファンドがお客様の投資目的・意向に合ったものであれば、NISAの対象外のファンドだということをきちんと説明したうえで、お客様のニーズに合った商品を提案すべきではないでしょうか。

　たとえば、スーツを購入するときに割引セールの対象になっているか否かを確認するのと同じです。あるお客様がスーツを買いに行ったとき、そのお店では、メーカーAのスーツの割引セールをしていました。メーカーAのスーツは、着心地は悪くなかったものの、可もなく不可もなくといったものでした。そのお客様が気に入っていて、しっくりと合うスーツはメーカーBのものです。そのお店ではメーカーBのスーツの取扱いもありましたが、それは割引セールの対象外でした。

　このような時、割引セールの対象外だからといって、メーカーBのスーツの提案はしなくてもよいのでしょうか。もちろん、割引セールの対象外である旨はきちんと説明する必要がありますが、一番似合うものを選択するか、割引セールの対象のものを選択するかは、お客様ご自身が判断することです。

　投資信託も同じです。NISAの対象商品ではないという理由だけで、お客様に毎月分配型投資信託や信託期間が20年未満の投資信託の案内をしないというのは、真にお客様のニーズを捉えた提案とはいえません。

　なお、お客様がNISAの対象外のファンドを選択された場合、「非課税投資」というメリットを享受できないことになります。そのため、それについての説明内容やお客様がNISAの対象外のファンドを選択された理由などを、面談記録等にきちんと残しておくようにしましょう。

■ 課税口座への移管

　一般NISAは、最長5年間の非課税保有期間が終了した際には、翌年に設定される非課税管理勘定（一般NISA用の勘定）に移管（ロールオーバー）するか、課税口座に移管するかを選択することができましたが、2023年末に非課税保有期間が終了する公募株式投資

信託から、ロールオーバーすることができなくなりました。

たとえば、2019年に一般NISAを利用して新規投資をした公募株式投資信託等は、2023年12月末で非課税保有期間が終了しましたが、2024年以降、新たな非課税管理勘定は設定されないことから、それらの公募株式投資信託等はロールオーバーができませんでした。

- ✔ 一般 NISA、つみたて NISA、ジュニア NISA から、新しい NISA の勘定へのロールオーバーは不可！
- ✔ 非課税保有期間が無期限になるのは、2024 年以降新規で購入した分から！

なお、NISA口座から課税口座（特定口座・一般口座）に移管した場合、移管時の時価が取得費となることに注意が必要です（特定口座を開設している場合には特定口座に、特定口座を開設していない場合には一般口座に移管されます。特定口座を開設している人が、一般口座に移管する場合、別途手続きが必要です）。

たとえば、2019年中にBKS好配当株式ファンドを1万口当たり11,000円の基準価額で購入したお客様がいらっしゃったとします（購入時手数料はかからなかったと仮定します）。2023年末のBKS好配当株式ファンドの基準価額が9,000円だったとすると、非課税保有期間終了後（特定口座移管後）、9,000円が特定口座での取得費となります。

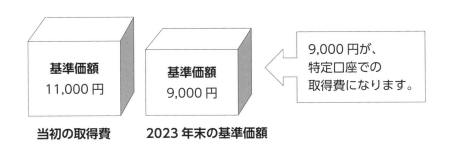

その後、基準価額が11,000円のときに換金すると、特定口座での取得費が9,000円で変わらなかった（追加取得や元本払戻金の支払いがなかった）とすると、1万口当たり2,000円の譲渡益が発生します。そして、その譲渡益は課税対象となります。このように実質的には利益が生じていなくても、税法上、譲渡益が発生することがあるため注意が必要です。

　反対に、上記の例で、移管時の基準価額が12,000円であった場合、12,000円で取得したものを11,000円で換金することになります。実質的には11,000円で取得したものを11,000円で換金することから、損得はありませんが、税法上は1万口当たり1,000円（12,000円で取得したものを11,000円で換金）の譲渡損失が発生したとみなされ、この損失は損益通算等の対象になります。

最近、NISA制度を利用した投資信託の購入しか勧誘していなかったので、特定口座を含む証券税制についてきちんと説明できないかもしれない！ これではお客様に適切な情報提供ができない！

■　非課税保有限度額

　非課税保有限度額は1,800万円（うち、成長投資枠での保有は1,200万円まで）です。つみたて投資枠のみを利用して、毎年上限の120万円の積立を行えば、15年間で非課税保有限度額の上限である1,800万円に達することになります（途中での換金等は考慮していません。以下同じ）。成長投資枠のみを利用して、毎年上限の240万円新規投資した場合、5年で成長投資枠の非課税保有限度額の上限である1,200万円に達します。年間にできる非課税投資の上限は、つみたて投資枠と成長投資枠の合計で360万円ですので、最短5年で1,800万円の上限に到達します。

120万円×15年＝1,800万円（つみたて投資枠のみ利用）
240万円× 5年＝1,200万円（成長投資枠のみ利用）
360万円× 5年＝1,800万円（つみたて投資枠と成長投資枠を利用）

＜非課税保有限度額の例＞

前年 12 月 31 日の簿価残高：つみたて投資枠 360 万円

：成長投資枠 1,000 万円

この場合の今年の非課税投資可能額

▶ 成長投資枠を利用して非課税投資できるのは 200 万円

▶ つみたて投資枠を利用して非課税投資できるのは 120 万円

　年間投資枠と非課税保有限度額との関係についてしっかりと説明しておかなければ、お客様は、なぜ今年は、成長投資枠の利用が240万円できないのだろうと思われます。2024年からのNISA制度は、上限に関する様々な数字がありますので、お客様が混乱しないように丁寧な説明が求められます。

　なお、この非課税保有限度額の計算において、2023年までにNISAを利用して購入し、保有している公募株式投資信託等の金額はカウントされません。2024年から始まる新NISAを利用して購入したものだけがカウントされます。

■ 非課税保有限度額の再利用

　非課税保有限度額は、「その年にNISAを利用して新規取得した対価の額」と「前年12月31日時点にNISA口座で保有している投資信託等の簿価残高」の合計額で算出されるため、たとえば、前年中にNISA口座内の投資信託をすべてまたは一部を換金すると、その換金に係る簿価残高分、非課税保有限度額の枠が空くことになります。そして、非課税保有限度額の空いた枠は、翌年以降、再利用することができます。

　ただし、単純にお客様に非課税保有限度額の空きを作るためだけに換金を勧める行為は、お客様に不要なコスト負担がかかり、資産形成をサポートする行為とはいえないことに注意する必要があります。

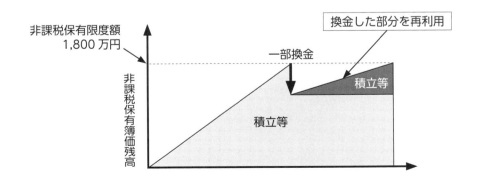

再利用について気をつけなければならないのは、非課税保有限度額の計算で用いる「特定累積投資勘定基準額」や「特定非課税管理勘定基準額」は前年12月31日時点の簿価残高で算出するということです。そのため、年の途中で換金しても「基準額」に変更はありません。

本日NISA口座で保有されている公募株式投資信託を換金していただければ、その分、非課税保有限度額に空きができます。その空いた枠を利用して、本日こちらのXファンドを非課税投資されませんか？

⇒ 基準額に空きができるのは翌年1月1日以降ですのでこれは誤った提案です。

4 資産形成のための活用

つみたて投資枠および成長投資枠は、非課税保有期間が無期限で、一定の条件の下で非課税保有限度額の再利用もできることから、お客様のニーズに合わせた柔軟な提案ができます。資産形成に適した制度にiDeCoもありますが、iDeCoとは異なり、NISA制度はその年の1月1日において18歳以上の居住者であれば、等しく活用することが可能で、いつまで積立するかも自由に決めることができます。

資産形成を考える場合には、何かに使う目的をもって貯めることもありますが、もっと漠然と、「特に目的は意識しない。貯めながら増やしていく」という場合もあります。このような考え方の場合、長期投資が可能ですので、NISA制度の活用が適しているといえます。生涯、お金を貯めながら増やすことを目指す口座として、通常の預金等と使い分けて利用することを考えていただきましょう。

これまで、ライフイベントのために積立定期預金をしていただいておりましたが、それと合わせて何となく貯めておこうと思われているお金の貯蓄方法としてNISA制度を利用した資産形成をご検討いただくのがよいと思います。価格が変動する投資信託等での運用になりますので、長期間じっくりとお金を貯めて、かつ収益を狙うのに適した制度となっています。

資産形成の目的が漠然とされていても問題ありません。その場合、積立を継続しながら、必要なときに、全部あるいは一部を解約していただければよいと思います。つみたて投資枠を利用した非課税投資は、お金をただ貯めるだけでなく、運用という要素を加えて「貯めながら増やす」ことを考えたお金の置き場所になります。

　NISA を利用した積立等の勧誘をする際には、単に商品提案を行うだけではなく、お客様が資産形成について適切な判断ができるような情報提供や投資教育も必要です。目先の基準価額の増減に一喜一憂するのではなく、中長期的に、じっくりと資産形成に臨むことが大切です。投資信託は、「投資について信頼して託す」仕組みの金融商品です。短期的な利益を追求するためにタイミングをみて売買を繰り返す「投機信託」ではないことをよく理解したうえで、お客様に接する必要があります。

「投資信託」であって「投機信託」ではない

5 他の商品との比較

　お客様の最善の利益を追求するための提案にあたっては、商品を比較して説明することが大切です。結果が同じになるにしても、お客様は、商品を比較して説明されたほうが、その商品に対する理解が深まりますし、納得して申し込むことができます。NISA 制度の対象となっている金融商品は、公募株式投資信託など、価格が変動し、元本保証のない金融商品です。そのため、納得して申し込んでいただくことが重要です。

　もし、比較の必要はないとおっしゃる場合、最初から、その商品を購入しようとされていて、申込みの手続きをしようと思っておられるだけなのか、あるいは特に欲しいと思っている商品がないので、営業担当者が勧めるものであれば、なんでもいいと思っておられるからかもしれません。

　前者の場合でも、お客様が他の商品をご存知ないため、比較の必要がないとおっしゃったのかもしれません。せっかく対面でお取引いただくのであれば、「参考までにこのような商品と比較されたことがありますか」と声掛けすることもお客様の利益に適うものではないでしょうか。

後者の場合、提案しようとしている商品を中軸にして、複数の商品と比較しながら説明することが大切です。あるいは、その商品の想定する顧客層を説明するとともに、実際にどのようなお客様がどのような商品を申し込んでおられるのかをアドバイスすると、お客様のニーズが見えてくる場合があります。

■ 各種金融商品のメリットとデメリット

　金融商品の比較をする場合、メリットとデメリットをはっきりさせた説明を行うとお客様は理解しやすいでしょう。そのため、営業担当者は、まず、「定期預金」や「投資信託」といった各種金融商品のメリットやデメリットを、よく理解しておく必要があります。

<各種金融商品の一般的なメリット・デメリット>

	メリット	デメリット
定期預金	●元本保証がある	●収益性に欠ける
投資信託	●収益性が期待できる ● NISA を利用すれば、譲渡益や分配金が非課税になる	●元本保証がない ●損失を被ることがある
終身保険 （一時払い）	●遺族保障や相続対策に活用できる ●解約返戻金を使ってライフイベントにも対応できる ●保険商品特有の税制優遇がある（生命保険料控除は払い込んだ年にのみ適用） ●一般に、平準払いよりも保険料総額が少なくなる	●まとまった資金が必要 ●一定期間経過しなければ、解約返戻金が払込保険料を下回る ●他の金融商品に比べて、保障がある分、費用は割高
終身保険 （平準払い）	●一般に、加入当初から大きな保障を受けることができる ●要件を満たせば、生命保険料控除等の所得控除の適用が受けられる ●まとまった資金がなくても保険に加入できる	●解約返戻金が、払込保険料総額を上回るまでの期間が長い ●払込期間が長い ●他の金融商品に比べて、保障がある分、費用は割高

個人向け国債	● 元本保証がある ● 下限金利が決まっている ● 中途換金調整額を支払えば、原則、１年経過後、額面金額で中途換金できる	● 多少収益性に欠ける ● 原則１年間は中途換金できない

　これらのことがきちんと整理できていれば、預金よりも高い収益性を求めていらっしゃるものの、元本の安全性も気にしておられるお客様に対しては、投資信託や保険商品ではなく「元本の安全性を第一に考えていらっしゃるのであれば、個人向け国債を考えてみませんか」といった提案もできます。

　類似商品や制度については、共通点と相違点の整理をしておく必要もあります。たとえば、NISA制度（つみたて投資枠）とiDeCoは、どちらも積立方式で運用益が非課税になるという共通点がありますが、「運用の機動性」「手数料」「換金制限」といった観点から相違点を整理し、このお客様にはどちらの商品・制度が適しているのかといったことを考えてみることも重要です。また、iDeCoの場合、一時金あるいは年金として受給する際に、税金がかかるかもしれないということも併せて考えておく必要があります。このような考える姿勢が、顧客本位の営業姿勢につながるといえます。

　お客様が資産形成に興味を示した場合に、即、「（やった！）契約が取れる！」と思うのではなく、比較できる制度や金融商品がなかったかを考えることが大切だね。

＜ iDeCo と NISA の一般的なメリット・デメリット＞

	iDeCo	NISA	
		つみたて投資枠	成長投資枠
メリット	●掛金の全額が所得控除の対象 ●給付金が退職所得控除や公的年金等控除の対象 ●ポータビリティが可能 ●運用商品に定期預金等元本確保型の金融商品があるため、目標金額に到達したら、それらにスイッチングすることができる	●譲渡益・分配金（普通分配金）が非課税 ●非課税保有期間が無期限であるため、ライフプラン等に合わせて引出し可能 ●つみたて投資枠と成長投資枠を併用して臨機応変な資産形成が可能	
メリット		●長期・積立・分散投資に適した商品が対象商品になっているので銘柄選択をしやすい ●対象商品のコストが低い	●積立投資も一括投資もできる ●つみたて投資枠に比べて幅広い商品を選択できるなど自由度が高い
デメリット	●口座管理料がかかる ●原則60歳以降しか払出しができない ●運用商品が限定されている（アクティブ運用のものが少ない） ●企業年金等がある場合、掛金額の上限が低い ●国民年金の被保険者でなければ掛金の拠出ができない	●積立金に対する所得控除がない ●年間の投資上限額が決まっている ●他の口座で生じた譲渡益等との損益通算ができない ●毎月分配型投資信託や信託期間20年未満の公募株式投資信託などは適用対象外 ●対象となっているのは上場株式等であり、元本保証のある金融商品が対象商品に含まれていない	

V　アフターフォロー

1　アフターフォローの必要性

　顧客本位の業務運営を実践するのは、勧誘時だけではありません。金融商品を保有されているときも、お客様の利益を踏まえた対応や情報提供をし続けなければなりません。

　特に、投資信託は価格変動が伴う金融商品です。価格変動が伴うということは、お客様は、将来受け取る資金が確定していないため、不安感があるということです。たとえば、基準価額が上昇しているときは、購入して良かったと思われるでしょうが、下落した場合、「どうすればいいんだろう？」「このまま保有していても大丈夫なんだろうか？」といった不安な気持ちになられるかもしれません。投資経験の浅い人であればなおさらです。

　そのため、営業担当者はお客様の不安に寄り添い、わかりやすい情報提供を行い、お客様の最善の利益の追求に努めなければなりません。仮にお客様が、どこまで下落するのかがわからず、不安だとおっしゃるのであれば、過去の実績にはなるものの、過去の変動幅などを再度提示することにより、今の水準や状況を客観的にご説明するなど、このまま継続して保有していただくか、いったん換金していただくかの判断ができる情報をできる限りご提供することがお客様の最善の利益につながる行動だと考えられます。なお、継続保有していただくことが、必ずしもお客様の最善の利益の追求にならないこともあるということに留意する必要があります。

　また、お客様が、申込時は長期保有するつもりだったものの、予定が変更となり、半年後に資金が必要になりそうだといった場合、現在の基準価額で換金し、損益を確定させるのか、もう2～3か月様子を見ていただくのかなどの相談にのる必要があります。

　購入時手数料がかかる投資信託で投信積立をされている場合であれば、いったん積立を停止するといった対応も必要です。半年後に資金が必要なのに、ぎりぎりまで積立をしていただくことは、一般にお客様の利益にはならないからです。たとえば、12月末に資金が入用である場合に、12月の半ばに引落しをして購入時手数料を支払って投資信託を購入していただくと、よほど基準価額が上昇しない限り、12月の購入分は損失になるからです。

　資産形成は、通常、長期にわたって行うものです。その間に、お客様の投資に対する考え方に変化がないか、あるいは、資産形成は予定通りできているのかなどの確認も必要です。

以前、退職金の上乗せにしたいということで投資信託を始めていただきましたが、始められていかがですか？　もう少し、リスクを抑えたほうがいい、あるいは反対に、もう少しリスクを取ってもいいなどといったお考えの変化などはございませんか？

 始めるときは、もっと基準価額の変動に一喜一憂するかと思っていたけど、実際に保有してみると、そうでもなかったね。これであれば、もう少し値上がり益を期待するタイプの投資信託に換えてもいいかもしれない。

 投資信託の銘柄を変更するということは、もちろんできますが、その際には再度購入時手数料がかかります。また、NISA でのご利用ではないため、換金時に今の利益に対して税金が課せられます。つまり、税金を差し引いた後の金額で、新しい投資信託を購入していただくことになりますので、効率を考えた場合、あまりお勧めできません。

 そうか。じゃあ、定期預金を解約して別の投資信託を申し込んだほうがいいのかな？

 その方法もありますが、もう少しリスクの高い投資信託であれば、一括で申し込む方法のほかに、積立方式で毎月購入するという方法もあります。毎月購入することにより、時間分散を図り、リスクを軽減することを考えられてはいかがでしょうか？　退職金の上乗せにしたいというお考えに変更がないのであれば、ひとつの目標として、退職される前年まで積立を続けるというのも悪くないと思います。

 退職時までではないの？

つみたて投資枠を利用される、あるいは購入時手数料がかからないファンドで積立していただくのであれば、退職時まででも構いません。しかし、購入時手数料がかかるファンドで積み立て、退職時に換金することをお考えであれば、直前まで購入時手数料を支払って、積立を続けるよりも、少し前に積立を停止し、基準価額の状況をみながら換金のタイミングを計っていただいたほうが良いと思います。

このほか、もし、NISA口座を開設されているものの、あまり利用されていないお客様がいらっしゃるのであれば、再度、利用を促すことも、お客様への情報提供（サービス）になります。お客様の中には、NISA口座を開設していたことを忘れている人もいらっしゃるかもしれません。日常の生活の中でも、ある店舗のポイントカードを作ったものの、ポイントが貯まっていたことを忘れてしまっていることがあります。そのような際に、「保有ポイントのお知らせ」などの情報をもらえると、ポイントが貯まっていることに気づきます。購入を予定していたモノがあれば、「ちょうどよかった。このポイントを利用しよう」と思われるかもしれません。同じように、NISA口座を開設したことや、NISA口座が何であるのかを忘れていらっしゃらないかを確認することが大切です。ただし、商品ありき、販売ありきの声掛けは、顧客本位の情報提供とはいえません。

NISA口座を保有していただいておりますが、こちらはご利用されていらっしゃらないようですね。資産形成をしていくうえで、NISA制度を利用した公募株式投資信託等による運用はお客様にとって、あまり役に立たないでしょうか？ もしよろしければ、NISA口座を開設していただいた時と比べて、制度の内容も随分と変わりましたので、改めてNISA制度の説明をさせていただきたいと思います。

NISA口座を開設したものの、利用していないお客様に情報提供を！

　「顧客にふさわしいサービスの提供」を行うためには、販売時だけでなく、金融商品・サービスの提供後も、その意向に基づき、ライフステージや資産状況などのお客様自身の変化や市場環境の変化に応じ、長期的な視点にも配慮した適切なフォローアップを行うことが重要です。

　しかし、アフターフォローの現状を見ると、「現在の基準価額や評価額等の連絡」「このまま保有し続けるか換金するか」の確認にとどまっていることが多いといえます。

　このことは、金融庁が公表している「リスク性金融商品の販売会社における顧客本位の業務運営のモニタリング結果（2023年6月30日）」においても次のような指摘をしています。

> 　フォローアップの目的で顧客を訪問したものの、専らリスク性金融商品の新規購入を勧誘していた。また、リスク性金融商品の当初の購入目的の確認や資産・家族状況の変化等を把握せず、損益状況のみの還元にとどまっていた。

　たとえば、アフターフォローの際に、「直近のAファンドの基準価額は、12,300円ですので、およそ、5万円の評価益が発生しています」と説明することがあります。悪いことではありませんが、これでは現時点の話だけになっています。

　また、お客様は基準価額や評価損益の状況を聞くと、「今、解約したほうがいいの？」と相談したくなると思います。

　投資は、基本的に長期で行うものです。しかし、時間の経過とともに、お客様のライフプランや投資に対する考え方が変わることもあります。アフターフォローの際には、その

点も含めて確認する必要があります。具体的にどのような点に気をつけるべきかについて、「市場ワーキング・グループ（第29回）事務局説明資料（2020年6月29日）」において、お客様の状況が時間的経過に従って変化する可能性がある場合として、以下のことを例に挙げています。

▶ 転職や転居などにより当初想定したライフプランが変化する場合
▶ 加齢による心身の衰えが生じ、リスク許容度が変化する場合

 認知症というのではないけど、最近、聞いたことをすぐに忘れるようになってしまったわ。

　上記のような場合、このようにおっしゃっているだけで、実際は説明したことを十分に理解し、覚えていらっしゃることもあります。それを確認するためにも、今後、アフターフォローの頻度を増やし、どの程度忘れることが多くなっていらっしゃるのかを注意深く観察することが考えられます。また、高齢者取引のルールの対象外であっても、役席者の同席や家族の同席を求めることも考えられます。

　そして、その時の状況は面談記録等にも残しておくことが望ましいといえます。面談記録等には、商品を提案した時の状況や約定の記録を残していると思います。しかし、商品提案に限らず、いつ、どのような話をしたのかがわかれば、その積み重ねでお客様の属性を知ることもできますし、担当が変わった時に、後任者がスムーズに引継ぎを行うこともできます。

<面談記録例>
　先日、最近、聞いたことをすぐに忘れるようになってしまったと話されていたので、今回は家族の方の同席も依頼したうえで訪問。
　先日、話した内容については、詳細に覚えていらっしゃった。また、ご家族の方に「お母様は、記憶力がいいですね」といってみたところ「たしかに、私より色々なことをよく覚えています」という言葉が返ってきた。昔のことだけでなく、最近のことについてもよく覚えていらっしゃるようだった。

なお、アフターフォローを、金融機関のルールで定められた時にのみ行うのは、顧客本位の業務運営を実践しているとはいえません。金融庁が公表している「リスク性金融商品の販売会社における顧客本位の業務運営のモニタリング結果（2023年6月30日）」においても、好事例として「取組方針に顧客の希望に応じてフォローアップする旨を掲げ、顧客にフォローアップして欲しい時期を確認している」というものがあります。

　アフターフォローの時期を金融機関の都合で決めるのではなく、金融機関ルール以外にもお客様の要望を取り入れるということも考えなければなりません。もちろん、その際、物理的に不可能なほど頻繁な連絡等を要望された場合には、安易に引き受けるのではなく、お断りすることも必要です。

> 来月から、息子夫婦と同居することになりました。孫の面倒もみなければいけないので、生活は大きく変わりそうです。

　上記のような生活の変化がある場合は、家計収支がどのように変化するのかに着目し、改めてお客様の資金計画を見直すことが考えられます。また、「孫」というキーワードを聞いた場合、「お孫さんにお小遣いもあげたいですよね。毎月あるいは隔月分配型の投資信託をされませんか？」と提案される営業担当者がいらっしゃいます。この場合も、商品提案をする前に、お孫さんに対する資金援助等について何か考えていることがあるのかを伺うことを先にしなければなりません。もしかすると、教育資金などの援助を考えていらっしゃるかもしれません。その場合、教育資金の一括贈与に係る制度の説明のほうがお客様のニーズに合っているのではないでしょうか。

　お客様に情報を提供するということは、単に商品等の説明をするということではなく、お客様の投資等の判断に役立つ情報を伝えることです。情報提供といいながら、実は一方的に営業担当者が知っていることだけを話しているということがないようにしたいものです。

> 自分が説明できる話題、制度、商品にお客様を誘導するようにしていたかもしれない。顧客本位といいながら、話の主導権は営業担当者である自分が握っていました。

　特に、積立による投資を勧誘した場合、その後の資産形成の相談がおろそかになりがちです。アフターフォローを通じて、お客様の資産形成の目的等に変化がないか、また、現在の資産形成が想定通りに進んでいるかどうかの確認なども必要です。

> 将来のリフォーム資金150万円を作るため、つみたてNISAを始めたんだけど、思いのほか利益が生じたので、途中で解約して車を買い替えてしまったよ。

　もちろん、お客様のご資金ですので、予定を変更して車を買い替えられることに問題はありません。しかし、再度、リフォーム資金をどのように作るかを考え直さなければならないかもしれません。また、リフォーム資金以外のライフイベント等にかかる費用を洗い出されておいたほうがよいかもしれません。

　「販売したら終わり」という気持ちで勧誘していると、どうしても目先の「販売したい金融商品」「販売しやすい金融商品」を提案しがちになりますが、その後のアフターフォローのことまで考えていれば、お客様のその後のことも考えた提案になるのではないでしょうか。

＜長期投資なのにマーケット動向に振り回される営業実態⁉＞

　営業担当者の中には、マーケット動向を気にしすぎている方がいらっしゃいます。もちろん、お客様に投資信託を購入していただく場合、なるべく低い基準価額で購入していただきたいでしょう。しかし、投資信託は、3か月、半年という短期で保有するというよりは、5年、10年といった長期で保有することを前提にしている商品です。

　5年後、10年後のマーケット動向を予測することは非常に難しいことです。また、どんなに好景気が持続しても、まったく下落せずに5年、10年と継続して上昇することはまずありません。お客様には、投資信託を保有している間には、下落する場面もあることを説明したうえで、投資信託の申込みを検討していただく必要があります。

　国内の配当利回りが高い株式に投資する投資信託を保有した場合、当初、組み入れられていた銘柄の配当利回りが、その後も継続して高いとは限りません。ファンドマネジャーは、銘柄分析を継続して行い、その都度銘柄入替えを行っています。お客様に考えていただく必要があるのは、その投資信託の運用方針であって、マー

ケットの変動に伴う組入銘柄の売買の動向ではありません。

　お客様に、わかりやすい説明を行うためには、マーケットに関する知識は重要です。またお客様に、投資信託を保有していることを楽しんでいただくためには、マーケットに興味を持っていただくことも大切です。しかし、投資信託は、今日申し込んで、来週解約して利益を上げていただくといったタイプの金融商品ではありません。そのため、必要以上にマーケット動向に左右されて、「こんなに円安になったら勧誘できない」「基準価額が上昇してしまったので、勧誘できない」と考えるのではなく、お客様に販売しているのは、目先の変動に左右されず、長期的な「資産形成」のための金融商品なんだという気持ちを持つことが大切です。

　お客様に長期投資を勧めながら、一番、短期的なマーケットの変動に振り回されているのは、もしかすると営業担当者自身かもしれません。

MEMO

──── 著者略歴 ────

梶川真理子（かじかわ・まりこ）

株式会社フィナンシャル・ラボ　取締役（研修担当）
1992 年 4 月関西大学商学部卒、山一證券、東洋信託銀行（現三菱 UFJ 信託銀行）、東海東京証券、アーティス㈱を経て、2015 年 3 月㈱フィナンシャル・ラボの設立に参画（2017 年 2 月同社取締役に就任）。種々の研修講師や各種コンテンツ制作を担当。

~保有資格~
◇会員一種証券外務員　◇内部管理責任者　◇CFP®
◇FP1 級技能士（資産相談業務）　◇DC プランナー 1 級
◇コンプライアンス・オフィサー 2 級
◇メンタルヘルス・マネジメント（ラインケア・セルフケア）
◇認知症介助士（公益財団法人 日本ケアフィット共育機構）

~主著~
◇金融商品税制がわかればリテール営業が面白くなるコース
◇はじめての投信セールスコース
◇ここだけは押さえておきたい よくわかる確定拠出年金
◇年金知識を活かした iDeCo・NISA 提案の進め方

株式会社フィナンシャル・ラボ：金融機関に対して各種研修やコンサルティング等、質の高い様々なサービスを提供するため、2015 年 1 月に設立。
主な業務としては、金融商品販売に係る制度改正対応、各種約款・帳票・社内規程・事務取扱要領等の見直し、パンフレット等の作成・見直し等の全般的な支援業務およびコンサルティング、販売担当者や管理職向けのスキルアップ研修や、FD 研修、ビジネスマナー研修など幅広く研修を実施している。このほかコンテンツ制作や証券外務員・FP の資格取得対策講座を実施している。

わかりやすい
『顧客の最善の利益』を踏まえた投資勧誘

2024 年 1 月 31 日発行

　　　　　　　　　　　　　株式会社フィナンシャル・ラボ
　　　　著　　者　　梶川 真理子
　　　　監　　修　　橋本 正明
　　　　発 行 者　　延對寺 哲

　　　　発 行 所　　株式会社 ビジネス教育出版社

〒 102-0074　東京都千代田区九段南 4-7-13
TEL 03（3221）5361（代表）／ FAX 03（3222）7878
E-mail▶info@bks.co.jp URL▶https://www.bks.co.jp

印刷・製本／シナノ印刷㈱　　装丁・DTP ／㈲エルグ　蟻田 秋穂
落丁・乱丁はお取り替えします。

ISBN978-4-8283-1046-6　C2034